中国社会科学院国情调研特大项目"精准扶贫精准脱贫百村调研"

精准扶贫精准脱贫百村调研丛书

CASE STUDIES OF TARGETED POVERTY REDUCTION AND
ALLEVIATION IN 100 VILLAGES

李培林／主编

精准扶贫精准脱贫
百村调研·套子湾村卷

西海固脱贫转型之路

李保平　等／著

社会科学文献出版社

SOCIAL SCIENCES ACADEMIC PRESS (CHINA)

中国社会科学院国情调研特大项目
"精准扶贫精准脱贫百村调研"
项目协调办公室

主　任：王子豪

成　员：檀学文　刁鹏飞　闫　珺　田　甜　曲海燕

总　序

　　调查研究是党的优良传统和作风。在党中央领导下，中国社会科学院一贯秉持理论联系实际的学风，并具有开展国情调研的深厚传统。1988 年，中国社会科学院与全国社会科学界一起开展了百县市经济社会调查，并被列为"七五"和"八五"国家哲学社会科学重点课题，出版了《中国国情丛书——百县市经济社会调查》。1998 年，国情调研视野从中观走向微观，由国家社科基金批准百村经济社会调查"九五"重点项目，出版了《中国国情丛书——百村经济社会调查》。2006 年，中国社会科学院全面启动国情调研工作，先后组织实施了 1000 余项国情调研项目，与地方合作设立院级国情调研基地 12 个、所级国情调研基地 59 个。国情调研很好地践行了理论联系实际、实践是检验真理的唯一标准的马克思主义认识论和学风，为发挥中国社会科学院思想库和智囊团作用做出了重要贡献。

党的十八大以来，在全面建成小康社会目标指引下，中央提出了到2020年实现我国现行标准下农村贫困人口脱贫、贫困县全部"摘帽"、解决区域性整体贫困的脱贫攻坚目标。中国的减贫成就举世瞩目，如此宏大的脱贫目标世所罕见。到2020年实现全面精准脱贫是党的十九大提出的三大攻坚战之一，是重大的社会目标和政治任务，中国的贫困地区在此期间也将发生翻天覆地的变化，而变化的过程注定不会一帆风顺或云淡风轻。记录这个伟大的过程，总结解决这个世界性难题的经验，为完成这个攻坚战献计献策，是社会科学工作者应有的责任担当。

2016年，中国社会科学院根据中央做出的"打赢脱贫攻坚战"战略部署，决定设立"精准扶贫精准脱贫百村调研"国情调研特大项目，集中优势人力、物力，以精准扶贫为主题，集中两年时间，开展贫困村百村调研。"精准扶贫精准脱贫百村调研"是中国社会科学院国情调研重大工程，有统一的样本村选择标准和广泛的地域分布，有明确的调研目标和统一的调研进度安排。调研的104个样本村，西部、中部和东部地区的比例分别为57%、27%和16%，对民族地区、边境地区、片区、深度贫困地区都有专门的考虑，有望对全国贫困村有基本的代表性，对当前中国农村贫困状况和减贫、发展状况有一个横断面式的全景展示。

在以习近平同志为核心的党中央坚强领导下，党的十八大以来的中国特色社会主义实践引导中国进入中国特色社会主义新时代，我国经济社会格局正在发生深刻变化，脱贫攻坚行动顺利推进，每年实现贫困人口脱贫1000多万人，贫困人口从2012年的9899万人减少到2017年的3046万人，在较短时间内实现了贫困村面貌的巨大改观。中国社会科学院组建了一百支调研团队，动员了不少于500名科研人员的调研队伍，付出了不少于3000个工作日，用脚步、笔尖和镜头记录了百余个贫困村在近年来发生的巨大变化。

根据规划，每个贫困村子课题组不仅要为总课题组提供数据，还要撰写和出版村庄调研报告，这就是呈现在读者面前的"精准扶贫精准脱贫百村调研丛书"。为了达到了解国情的基本目的，总课题组拟定了调研提纲和问卷，要求各村调研都要执行基本的"规定动作"和因村而异的"自选动作",了解和写出每个村的特色,写出脱贫路上的风采以及荆棘!对每部报告我们都组织了专家评审,由作者根据修改意见进行修改,直到达到出版要求。我们希望,这套丛书的出版能为脱贫攻坚大业写下浓重的一笔。

中共十九大的胜利召开,确立习近平新时代中国特色社会主义思想作为各项工作的指导思想,宣告中国特色社会主义进入新时代,中央做出了社会主要矛盾转化的重大判断。从现在起到2020年,既是全面建成小康社会的决胜期,也是迈向第二个百年奋斗目标的历史交会期。在此期间,国家强调坚决打好防范化解重大风险、精准脱贫、污染防治三大攻坚战。2018年春节前夕,习近平总书记到深度贫困的四川凉山地区考察,就打好精准脱贫攻坚战提出八条要求,并通过脱贫攻坚三年行动计划加以推进。与此同时,为应对我国乡村发展不平衡不充分尤其突出的问题,国家适时启动了乡村振兴战略,要求到2020年乡村振兴取得重要进展,做好实施乡村振兴战略与打好精准脱贫攻坚战的有机衔接。通过调研,我们也发现,很多地方已经在实际工作中将脱贫攻坚与美丽乡村建设、城乡发展一体化结合在一起开展。可以预见，贫困地区的脱贫攻坚将不再只局限于贫困户脱贫，我们有充分的信心从贫困村发展看到乡村振兴的曙光和未来。

是为序！

李培林

全国人民代表大会社会建设委员会副主任委员

中国社会科学院副院长、学部委员

2018 年 10 月

前　言

　　西海固地区是世界级贫困地区，曾被联合国确定为不适宜人类居住的地区，长期以来，也是国家连片扶贫重点地区和宁夏回族自治区扶贫工作核心区。改革开放以来，在党中央的亲切关怀和西海固各族人民的共同努力下，西海固扶贫工作取得重大成就，特别是党的十八大以来，生态移民与精准扶贫使西海固扶贫事业迈上新的台阶，完成了贫困地区几代人脱贫的梦想，实现了贫困人口生产生活的巨大飞跃，正如十九大报告所言："五年来的成就是全方位的、开创性的，五年来的变革是深层次的，根本性的……推动党和国家事业发生历史性变革。"在2016年5月17日哲学社会科学座谈会上，习近平总书记指出：哲学社会科学是人们认识世界、改造世界的重要工具，是推动历史发展和社会进步的重要力量。坚持和发展中国特色社会主义，需要不断在实践和理论上进行探索，用发展着的理论指导发展着的实践。哲学社会科学要发挥作用，必须根植于中国特色社会主义的伟大实践，这是一个需要理论而且一定能够产生理论的时代，这是一个需要思想而且一定能够产生思想的时代。同时，习近平总书记也明确指出，发挥哲学社会科学的作用，科学的方法非常重要。马克思写《资本论》、列宁写《帝国主义论》、毛泽东同志写的系列农村调查报告等著作，都运用了大量数字和田野调查材料。解决中国的问题，提出解决人类问题的中国方案，要坚持中国人的世界观、方法论。要推出具有独创性的研究成果，就要从我国实际出发，坚持实践的观点、历史的观点、辩证的观点、发展的观点，在实践中认识真理、检验真理、发展真理。习近平总书记的讲话，对我们从事哲学社会科学研究具有重要的指导意义。百村扶贫调研大型项目的实施，体现了新时代社会学研究范式的重大转换，从宏观理论研究到区域扶贫探索再到关注一个村庄时代变迁的研究，既是对国情的一次重大摸底和认识，也是哲学社会科学工作者贯彻习近平总书记重要讲话精神、围绕党和国家重点工作开展研究的具体体现。

　　村庄是我国农村治理的最基本的单元，实际上百村扶贫调研本身就已经确定了最基本的研究方法。为完整了解套子湾村的历史、现状与脱贫发展史，本报告采取了以下几种研究方法：一是文献收集方法，重点是通过地方志书，了解套子湾的历史资料、基础数据；二是入户问卷方法，就有关研究内容设计成问卷，了解套子湾村基本数据，为进行比较研究奠定基础；三是入户访谈，对典型家庭和村干部、民间权威、村庄精英进行访谈，通过口述，了解套子湾村的历史、文化、发展过程和存在问题；四是观察法，通过实际观察，综合其他资料，帮助形成基本认识、基本态度和基本观点；五是对比研究的方法。套子湾村距离西吉县城 10 公里左右，是西吉县为数不多的纯汉族村庄，对照资源禀赋和人文资源较为接近的村庄，特别是纯回族村庄在精准扶贫工作中的不同发展路径和扶贫效果，从中可以得出一些具有启发意义的结论。我们选择同心县圆枣村作为比较研究的对象，主要基于以下考虑：一是圆枣村的特殊禀赋，与套子湾村有一定的可比性；二是圆枣村是纯回族村，与纯汉族村的套子湾在精准扶贫工作中特别是社会资本方面有一定的比较价值；三是两村产业结构有较大差异，扶贫路径不尽相同，均具有一定的典型性。

党的十八大以来，以习近平同志为核心的党中央，不忘初心、牢记使命，高举中国特色社会主义伟大旗帜，坚持以人民为中心的发展理念，提出 2020 年全面建成小康社会的奋斗目标。全面建成小康社会，是实现中华民族伟大复兴的基础性工程。为实现全面建成小康社会的目标，习近平总书记 2013 年提出精准扶贫的扶贫思路，为贫困地区实现快速发展，提供了一种科学的实现路径。西吉县是有名的贫困地区，生态环境恶劣，生活条件艰苦，精准扶贫政策的实施，使许多贫苦农民实现了多年来摆脱贫困的梦想，得到了广大人民群众的热烈欢迎。精准扶贫不仅是一项扶贫工作，也是复杂的系统工程，精准扶贫的要义在于扶贫对象要精准，帮扶措施要精准，扶贫效果要可持续。宁夏是我国较早开展扶贫的省区，经过多年的不断探索，积累了许多宝贵的经验。西海固作为贫困典型地区，其扶贫经验正好可以为当前全国的精准扶贫工作提供有益借鉴。当前，精准扶贫工作研究主要聚焦于政策落实层面出现的各种问题，对精准扶贫的理论阐释还相对不足，精准扶贫还缺乏必要的理论指导。之所以会出现这种情况，一个重要原因是对精准扶贫工作调查研究不充分，无法为理论研究提供充分的资源。精准扶贫精准脱贫百村调研项目的实施，正好弥补了实证研究不足的缺漏，通过对百个贫困村精准扶贫的经验对比，可以有效揭示出精准扶贫过程中一些有规律的现象，为精准扶贫理论研究提供充分的实践素材，也为各地开展精准扶贫工作提供有效的借鉴。从这个意义上说，西吉县套子湾村精准扶贫调查研究就具有了重要的实践价值。作为极度贫困地区的脱贫实践，其不但可以积累重要的扶贫经验，也可以有效发挥扶贫理论素材的作用，对我们深度研究地区扶贫意义重大。

套子湾村位于宁夏西吉县吉强镇，距离县城约13公里，下辖5个村民小组358户1430人，其中建档立卡户94户404人，是西吉县2016年脱贫销号村。全村没有回族居住，属纯汉族村，这在回族人口较多的西吉县极为罕见。全村有耕地3804亩，其中水浇地300亩。农业产业以蔬菜种植、设施观光农业和饲舍养驴为主。现有村党员活动室1处130平方米，党员35名，其中60岁以上党员13名，占37%，女党员7名，占20%。2015年农民人均纯收入5800元，2016年农民人均纯收入6200元。套子湾村是西吉县精准脱贫工作典型示范村。

西吉县是国家级贫困县，在实施精准扶贫工作中，立足自身资源禀赋，制定了"43210"精准扶贫与精准脱贫发展模式，即科学设计四种产业脱贫路径，统筹做好资源、市场、生态三篇文章，强化内生动力、外部助力两个保障，推广驻村帮扶、金融扶贫、能人引领、龙头带动、科技支撑、休闲旅游、托管种养、全增半返、红利反哺、劳务创收10种精准扶贫模式。西吉县确定的四种产业分别是：肉牛+马铃薯+X；黑山羊+马铃薯+X；珍珠鸡+马铃薯+X；马铃薯+肉驴+X。精准扶贫贵在精准，由于自然禀赋、人员素质、社会关系等的不同，在精准扶贫过程中，特别是以村为单位进行考察，我们会发现，各村发展虽然具有一定的同质性，但也有一些细微的不同，只有深入了解，才能看到各村之间的区别，正是这些差异，为我们考察精准扶贫提供了丰富的样本和素材。

我们接受中国社会科学院百村扶贫大型调研项目后，选择具体的调研村庄是我们首先需要思考和解决的一个重要问题。为此，我们在申报项目前，就对宁夏南部各县区进行了前期调研。代表性、典型性、创新性、价值性无疑是我们选择的非常重要的指标。宁夏是西部贫困省区，宁夏南部山区（历史上称为西海固地区）苦甲天下，被联合国确定为不适宜人类生存的地区。宁夏南部六盘山连片扶贫开发区无疑具有较强的代表性。西吉县是"西海固"地区排名最靠前的县，也是回汉族杂居县，贫困群众多，贫困度深，贫困原因复杂。从某种意义上说，选择西吉县作为考察精准扶贫的县域，就是选择了扶贫难度最大、最具有典型性的精准扶贫县域案例。鉴于西吉县扶贫工作的特殊性和国际影响，最终促使我们决定把考察调研的村子放在西吉县。西吉县共有 306 个行政村，各村情况不一，扶贫工作有较大的差异性，我们最终选择套子湾村作为百村扶贫调研的目标村，是基于以下原因。一是套子湾村距离西吉县城只有 13 公里，自然条件较好，农民外出打工方便，相比于西吉县其他村庄，套子湾村发展基础好，村民家庭相对富裕。二是套子湾在扶贫过程中能人带动效应明显。2002 年，张某兵当选套子湾村村干部，后来升任套子湾村党支部书记。在张某兵的带领下，套子湾村发展壮大了集体经济，成为西吉县能人带头致富、村两委班子带领大家共同致富的典范。三是套子湾村集体经济、村民合作社发展较快，在精准扶贫中发挥了重要作用。套子湾村立足本村实际，面向市场，多渠道探索集体经济发展，成立了由村集体控股的西吉县金穗现代农业发展有限公司，公司下设5个合作社（包括肉驴养殖合作社、蔬菜种植合作社、农业机械化种植合作社和垂钓中心、林下经济合作社），在西吉县具有一定的创新性。四是产业扶贫基础做得较好，有特色。套子湾村利用纯汉族村养驴的传统，发展养驴产业，建成钢架结构养驴棚3个，建筑面积7000平方米，计划养驴1000头左右。着力打造现代农业，建设钢架结构日光温棚22栋，12600平方米，温棚建成后部分租给建档立卡户，增加了贫困群众的收入。

本书共六章，第一章从历史视角介绍了套子湾村的历史变迁和社会发展。第二章对宁夏反贫困历史进行了回顾，对套子湾村精准扶贫过程中取得的成绩做了较为详细的介绍，特别是对村庄精英在精准扶贫过程中的功能进行了分析，并在此基础上对套子湾产业扶贫工作做了分析与归纳。第三章对套子湾村的社会结构和村庄治理成绩进行了分析总结。第四章重点介绍精准扶贫过程中套子湾村在教育、医疗卫生、社会保障等领域所取得的成绩。第五章对套子湾村的精准扶贫与同心县圆枣村的精准扶贫工作进行了比较研究，就基于不同禀赋和人文特征的两个村庄的比较研究，对理解精准扶贫的地域文化特征具有重要意义。第六章是对套子湾精准扶贫工作的一些思考，根据调研实际提出了一些对策建议，以期为宁夏的扶贫事业做出自己的努力和贡献。

目　录

第一章

套子湾村的历史变迁与经济社会发展

第一节　套子湾村的历史变迁

一　西吉县情

西吉县位于宁夏回族自治区南部，六盘山西麓，行政区划上隶属于固原市，向东距固原市约 63 公里，向北距宁夏回族自治区首府银川市约 391 公里。西吉县是一个历史悠久、文化积淀深厚、历史文脉深远，又有着光荣革命传统的文化大县，素有"中国马铃薯之乡"以及"中国西芹之乡""中国文学之乡"之美誉。目前，西吉县下辖吉强镇、兴隆镇、平峰镇3镇；新营乡、红耀乡、田坪乡、马建乡、震湖乡、兴平乡、西滩乡、王民乡、什字乡、马莲乡、将台乡、硝河乡、偏城乡、沙沟乡、白崖乡、火石寨乡16乡，人口49.6万人，是宁夏人口最多的县。

根据历史记载，从原始社会起就有人类在这片土地上繁衍生息，曾创造了人类文明，典型的"齐家文化"和"马家窑文化"的先民就聚居在这里。西吉县还有"三漓水"新石器遗址，战国秦长城、好水川之战、万城之战，汉墓群、古城堡、石窟艺术等众多著名的历史遗迹和文物遗存。曾有多个民族居于此处，先后有猃狁、西戎、义渠、鲜嫩、鲜卑、羌、回纥、党项、女真、蒙古、回、满、汉等几十个民族在这里生活，很多帝王将相与西吉这片热土有缘。新石器时期，西吉就是中华古文明发祥地雍州属地；夏商时为"雍州之城"；秦属北地郡，汉武帝分北地郡置安定郡，现西吉县地域属安定郡；三国时今县境南部属曹魏雍州安定郡，西北部被羌胡占领；两晋时仍属安定郡。隋时先属原州，后属平凉郡。唐属原州；北宋时属秦凤路，天禧元年（1017年）在今将台乡火家集置羊牧隆城，庆历三年（1043年）改为隆德寨；

金时升隆德寨为隆德县，今县境东、南及西南部属其管辖，县属德顺州。今县境西北部属西夏的西安州。汉武帝刘彻，北魏孝文帝拓跋宏、唐太宗李世民等曾"巡牧观马"于西吉；元代至元年间，隆德县迁治于今隆德县城，今县境西南部属其管辖，隶陕西行中书省静宁州，今县境东北部属开城府。元世祖成吉思汗曾驻足西吉古城——羊牧隆城三年之久；明时属陕西布政使司关西道平凉府固原州隆德县管辖。县境沐家营一带为朱元璋养子黔宁王沐英牧地，新营、旧营一带为朱元璋第十四子朱楧牧地；清初属陕西，后归甘肃省，属固原、海原、隆德三县辖地。同治十三年（1874年），在硝河城置州判，属固原直隶州；民国初年隶甘肃省泾源道；1942年10月10日，建制立西吉县。

新中国成立后，西吉属甘肃省定西专区。1950年5月改属平凉专区；1953年9月，甘肃省西海固回族自治区成立，西吉属其管辖。1955年西海固回族自治区改置为固原回族自治州。1958年宁夏回族自治区成立，西吉县归属宁夏回族自治区固原专区。1970年固原专区改为固原地区，西吉县属固原地区管理，2002年固原撤地设市，西吉县隶属固原市。

西吉县不但历史久远，在中国革命历史上也有浓墨重彩的一笔，有着光荣的革命传统，举世闻名的中国工农红军在长征中曾三次途经西吉，毛泽东、周恩来、邓小平、张闻天、贺龙、刘伯承等中央多数重要领导人和高级将领都在西吉县战斗过。

二 吉强镇情

吉强镇位于西吉县中心区域，地处葫芦河川道区，也是西吉县城所在地，镇域总面积254.8平方公里，耕地面积18.9万亩。全镇辖27个行政村176个村民小组，7个社区居委会。总户数28794户85183人，其中回族36304人，占42.6%；非农业人口41276人，占48.5%；2016年底全镇农民人均纯收入8169元，城镇居民可支配收入23192元。全镇在编干部职工60人，村干部128人，大学生村官5人，区、市、县选派驻村第一书记10人，分别担任10个村第一书记。

全镇有建档立卡户3754户15635人（已脱贫2122户9052人），计划发展生产脱贫2585户10746人、易地搬迁脱贫364户1595人、生态补偿脱贫63户278

人、发展教育脱贫 455 户 2205 人、社会兜底脱贫 287 户 811 人。全镇共有 10 个贫困村，1348 户建档立卡户 5825 人，已脱贫 1134 户 4938 人，其中，2014 年销号 了酸刺、高同 2 个村，脱贫 307 户 1425 人；2015 年销 号了芦子沟、龙王坝、杨河 3 个村，脱贫 470 户 1938 人；2016 年销号了套子湾、马营、大营 3 个村，脱贫 357 户 1575 人；计划 2017 年销号大坪、水岔 2 个村 214 户 887 人，确保 1348 户建档立卡户脱贫达标。

三　套子湾村村情

（一）历史沿革

为了解套子湾村的历史，我们走访了套子湾村 的一些长者。耄耋老人王凤明介绍，他是 20 世纪 三四十年代受生活所迫随家人从甘肃静宁北迁到套子 湾村的，那时村子总共 12 户人家。后来随着不断一 代代地繁衍生息，村子就形成了现在的规模。据套子 湾村前任村支书张某兵介绍，大多数村民是新中国成 立后五六十年代因各种原因从甘肃静宁县和通渭县搬 迁而来，村上许多人的亲戚都在上述甘肃两县。

根据《宁夏现代政区变迁沿革》[1]记载，王凤明移民到套子湾时正值国民党为加强其统治设置西吉县时期。1949年解放后，废除保甲制，实行区乡村制，套子湾村应当属于第一区。1958年10月，人民公社化，区乡建制撤销，人民公社按驻地命名，套子湾村属驻县城的城关公社。1963年西吉县设置兴隆、苏堡、白崖三区，城关公社不属于任何一区，由西吉县直管。1983年6月，城关公社更名为城郊公社；12月，公社体制改革，所有公社改为乡。2003年，城郊乡、夏寨乡、城关镇合并为吉强镇。[2]至此，套子湾村隶属吉强镇管辖至今。

（二）自然条件

套子湾村位于西吉县城西北部约13公里处，紧挨芦子沟村、苟家新庄村、前嘴村、王昭村，村周边主要公路为407县道和309国道，距最近的车站约15公里，全村村域面积875公顷，通村道路是柏油和水泥硬化路，约3.5米宽、14公里长，村内未硬化道路约4公里。村内共有耕地7040亩（退耕还林后3804亩，水浇地300亩），其中有效灌溉1600亩，园地面积45亩，

---

① 冯茂：《宁夏现代政区变迁沿革》，宁夏人民出版社，1998。
② 《西吉县历史沿革》，行政区划网，2016年7月27日，http://www.xzqh.org/html/show/nx/20714_2.html。

林地面积 3236 亩（100% 退耕还林），牧草地面积约
2012 亩，养殖水面面积约 1006 亩。农业生产以蔬菜种
植、设施观光农业和舍饲养驴为主。套子湾村户均宅
基地占地面积约 1 亩，95% 以上为砖瓦房，楼房所占
比例不足 0.5%，竹草土坯房 2 户，危房 2 户，空置一
年及以上的宅院约 20 户，无出租房。全村 358 户均已
接上自来水管道，100% 通电，民用电单价每度 0.447 元；
家家户户都有电视机且使用卫星接收电视信号，其中
使用有线电视的约 20 户；全村家中未通电话也无手机
户数为 0，约 600 人使用智能手机，手机信号实现村域
全覆盖；村委会配有已连接互联网的电脑，家中有电
脑的家庭约有 30 户且均已联网。

截至 2017 年，建成高标准暖棚驴舍 3 栋 7000 平
方米、养驴 240 头；日光温棚 22 座，新建文化活动
广场 320 平方米，安装路灯 55 座；发展垂钓中心 1
处 30 亩；修建产业道路 6 公里；建立集中连片万寿
菊种植示范点 200 亩；种植地膜马铃薯原种示范基地
3200 亩，种植胡萝卜、芹菜等蔬菜 1100 亩。

套子湾村所在西言县地处西北黄土高原，土地辽
阔，类型多样，土层深厚，土质疏松。县域境内已探
明的矿产有 11 种。有白桦、山杨、山柳、辽东栎，

图 1-1　套子湾村驴棚

说明：本书图片除特殊标注外，均为课题组成员拍摄，2017 年。

图 1-2　套子湾村蔬菜温棚

为多代萌蘖混交林，分布在阴坡、半阴坡；树种榛子、酸刺、枸子、黄刺玫、山桃，分布于阳坡、半阳坡。农副产品有马铃薯、白豌豆、胡麻、芸芥、五谷杂粮及肉、蛋、毛、皮等。属于温带大陆性气候，气候温和，四季分明。每年平均气温 12.7℃，最高气温 42.00℃，最低气温 −21.80℃，年均降水量 570.2 毫米。年最大降水量 1088.1 毫米，年最小降水量 220.3 毫米，无霜期达 198 天。境内有葫芦河、清水河、祖厉河三条水系，均属季节性河流。

西吉洋芋产自六盘山西麓的黄土高原腹地，四周有高山峻岭环绕，改变了气温的纬向分布，气温比周边地区较低，年均气温 5.3℃，海拔高、气候冷凉、昼夜温差大、日照充足；土壤以镶黄土、灰褐土为主，土壤质地疏松，通透性好，耕作层深厚，富含钾素，适应马铃薯的植株生长、块茎形成。因特殊的气候和土壤环境，洋芋个大、皮薄、肉嫩，品质优良。西吉洋芋芽眼较浅，薯型规则，表皮光滑，红皮黄肉。煮食时香味四溢，口感香而滑润，风味独特，口感较好，不宜断裂，是西吉县的优势产业。即使有自然灾害，马铃薯在西吉也从来没有绝收过，在困难时期是群众的救命食品，被称为"救命蛋"，一日两餐都离不开马铃薯（西海固人称马铃薯为洋芋），不知养活了多少人。至今，凡是在西海固生活过的人，都对马铃薯怀有一份特殊的感情。同时，西吉县得天独厚的自然条件也赋予了西吉芹菜优越的品质，西吉芹

图1-3 套子湾村水库（垂钓中心）

菜皮薄、纤少、柔嫩、味鲜、色亮、口感好。营养丰富，富含蛋白质、碳水化合物、矿物质及多种维生素等营养物质，还含有芹菜油，具有降血压、镇静、健胃、利尿等疗效，是一种保健蔬菜，在西北地区小有名气，是精准扶贫的重要产业。

第二节　套子湾村的经济与社会

一　套子湾村的经济发展

套子湾村村民农业生产以种植作物为主，2016

年主要种植作物是马铃薯、玉米和芹菜，其中，马铃薯种植面积达 3500 亩（亩产约 2000 公斤，市场均价每公斤 1.00 元左右）、玉米种植面积 150 亩（亩产约 800 公斤，市场均价每公斤 1.20 元左右）、芹菜种植面积 1200 亩（亩产约 20000 公斤，市场均价每公斤 0.25 元左右）；2016 年主要养殖畜禽有牛、猪、驴，其中牛出栏量 25 头（平均毛重约 400 公斤，市场均价每公斤 60 元左右）、猪出栏量 25 头（平均毛重约 200 公斤，市场均价每公斤 30 元左右）、驴出栏量 20 头（平均毛重约 200 公斤，市场均价每公斤 140 元左右）。

套子湾村通过创新开展"1594"精准扶贫新模式，以村党支部为引领，以村集体经济为依托，大力实施基础设施工程，加快美丽乡村建设，整合资金 2800 万元（项目支持 2100 万元、致富带头人入股 400 万元、精准扶贫户贷款入股 300 万元），组建村集体控股的西吉县金穗农业综合开发有限公司，发展现代农业、休闲农业、现代养殖业、农业机械化、水资源开发利用。5 个合作社，将全村 89 户贫困户全部吸收成为社员，实行由村集体、扶贫户、法人入股的股份制合作社，着力提升公共服务功能，切实增加村民经济收入，全力推动 89 户建档立卡贫困户全面脱贫，确保全面建成小康社会。2016 年底全村农民人均纯收入达到 7200 元以上，精准扶贫户人均纯收入 4300 元以上，2018 年底全村农民人均纯收入达到 10000 元以上。在村集体经济方面，近年来，套子湾村以增加村级集体经济实力为目标，探索创新发展壮大村级集体经济，完善农村基本经济制度，推进农业适度规模经营，优化配置农业生产要素，多途径增加村级集体可支配收入，提高农村公共服务能力，建立村级集体经济发展长效机制。经过 2016 年和 2017 年近两年的努力，规划养殖业、日光温室等项目已经建成。目前，因村民入股未达到 30% 以上，后期要加大村民入股资金，减少法人持股资金；用村集体收入继续扶持发展日光温室，考虑再规划发展林下经济养殖、垂钓中心等，不断壮大村级集体经济。

二 套子湾村的人口规模

套子湾村下辖 5 个村民小组 358 户 1430 人，村民全部为汉族，建档立卡户 89 户 382 人，文盲半文盲 121 人，残疾人 41 人。目前，常住人口约 1190 人，劳动力约 1060 人。外出半年以上劳动力 315 人（其中举家外出 2 户 7 人，外出到省外劳动力人数 22 人），外出人员主要从事批发和零售业、交通运输业、仓储和邮政业、住宿和餐饮业；2016 年，有 125 名外出务工人员中途返乡，定期回家务农的外出劳动力 56 人；截至 2017 年 6 月，初中毕业未升学新成长劳动力约 300 人，高中毕业未升学新成长劳动力约 100 人，参加"雨露计划"约 10 人。

三　套子湾村的文化生活

文化生活是社会生活的重要组成部分，也是衡量一个地方发展水平与发展质量的重要指标。长期以来，受传统城乡二元结构的影响，农村文化生活比较单调，文化产品供给不均衡现象非常明显，谝闲传、说闲话、晒太阳甚至赌博酗酒成为农民娱乐的重要方式。改革开放以来，随着国家文化惠农工程的实施，农村文化生活有了较大改善，村村通电视、村村通网络，使得农村与外部世界的联系密切了起来，极大改善了村民的文化生活。以套子湾为例，电视信号、通信网络已经实现全覆盖。在村部建有文化活动中心，有计算机、图书、报纸供村民使用。但从我们实地了解的情况看，村文化中心使用率不是很高，村民一般不会到这里来寻找信息，设备也大多闲置。节日文化是套子湾村民文化生活的重要载体，特别是春节，村里一般都会组织社火，每家巡游，热闹非凡。婚丧嫁娶是村里的大事，许多人会主动帮忙，体现了传统村落互助的传统。宗教生活也是套子湾村文化生活的重要组成部分。虽然是纯汉族村，但套子湾的卧虎山庙远近有名，每到初一、十五或有特殊需要，村民会到庙里烧香，祈求平安或为家人禳灾。

第三节　套子湾村的风俗习惯

套子湾地处西吉县城西北部 13 公里处，因镇政府所在地就在西吉县城，所以概念中套子湾村距离行政核心的距离，并不是传统意义的距离镇政府多远，而是距离县城有多远。2017 年，套子湾的小学只有 1 名教师和 1 名学生，其他中小学生都到县城借读，家长租房或者买房陪读。教育结构决定了很多村民都在县城与村庄之间以周或者天为周期来回奔波。因此与其他村庄相比较，套子湾在文化上与县城的联系更为紧密。

一 方言

西吉话属于中原官话秦陇片下的一个分支，虽与固原地区其他县的方言有许多相同的地方，但也有其独特之处。历史上，为了加强对当地的统治，1942年10月，国民政府从固原、海原、隆德、静宁、庄浪五县的边沿地区划拨土地人口而成立西吉县，所以西吉汉族方言中有所谓"静宁口音""会宁口音""隆德口音""固原口音"的差异。西吉方言汉族区可分为三片：东片包括偏城、硝河、马莲、什字等乡，其语音带有固原、隆德口音；南片包括将台、兴隆、玉桥等乡，其语音带有静宁口音；西片包括田坪、红耀、马建、苏堡、三合、平峰等乡，语音略带会宁、通渭口音。因距离县城比较近，套子湾村的方言与西吉县的城关话比较接近。

因特殊的地理位置，套子湾村人的生产生活以及教育等文化活动对县城的依赖程度更强。县城为全县政治、经济、文化的中心，其对外开放交流远甚于其他交通不便的乡村。据套子湾王凤明老人的讲述，他八九岁的时候随祖父从静宁迁至套子湾村，20世纪30年代，套子湾村仅有12户居民，很多村民都是从静宁、甘谷迁来的。移民中，回族大都迁到水资源比较丰富的地区，而汉族看到三面环山的套子湾耕地资源丰富，就止于此建立家园，因此套子湾方言明显受外地影响而语音趋向多元。

二 婚俗

嫁娶风俗与一般汉族村庄差别不大，大致分为提亲、订婚、婚礼、回门四部分。提亲时男方家长要请上媒人，提上"三色礼"，"三色礼"一般是酒、糖果、点心等中的两种，必备的是10个大蒸馍馍，带"三色礼"到女方家表达求亲之意。如果女方家长应允，尽可以择日进入订婚阶段。订婚即表示一种更为正式的约定，进入订婚程序，双方一般不可以随意取消婚约。订婚仪式中有两项比较重要的内容，一是男女青年要交换信物作为一种约定，二是双方家长商量彩礼和婚期。男女青年交换的信物随着时代的变迁也在发生变化，现在一般是一部手机、一枚戒指、一辆电动自行车之类的，也有送个有现金的红包。订婚与结婚的日子都很重要，因此不可随意择日，要请附近的阴阳先生选择合适的日子。目前套子湾村还没有阴阳先生，大家都是邀请附近村庄的阴阳先生来帮他们选择吉日。

彩礼一般七八万元到二十万元不等，要看男方家条件，男方家条件好，彩礼一般比较低；男方家经济条件不好，彩礼反而高。高彩礼的原因往往是女方家因男方家经济条件差，想通过多要彩礼为女儿置办好一些的嫁妆来改善生活，例如购买汽车作为嫁妆；也有的女方家对男方家不满意，企图通过索要男方家负担不了的高彩礼来将求亲者拒之门外，如果女儿执意要嫁，女方家父母不想维系这门亲戚关系，也通过高彩礼来为难男方家，执意今后少有往来。另一种情形是，当男方家经济等各方面条件比较好，女方家父母比较满意，认为女儿嫁到这样的人家会享福，今后生活会很幸福，反而会要很低的彩礼，以更好地维护这门亲事和今后的亲戚关系。陪嫁的多少要看女方家的经济条件，有的会将彩礼全部置换作嫁妆，甚至还添上一些作为嫁妆；也有的人家彩礼不全部作为陪嫁，而是在彩礼里面拿出一部分作为陪嫁。

订婚时候就是要进入准备结婚的阶段了，婚礼一般为期一天，主家的亲戚、亲属和全村的男女老少都来参加，来客要给主人家随份子，当地人称"搭情"。村里人搭情一般是 50 元，来客是一个人还是一家人都来，搭情都是 50 元。比较近的亲戚一般为 200 元，新娘新郎或者他们父母的兄弟姊妹一般搭 500 元，算是最高的"搭情"了。现在村里办喜事还是延续以往的风俗习惯，喜酒就在自家院子里办。条件好的人家会请附近专门从事包揽喜酒村宴的个体户，他们会带来全部的炊具和桌椅板凳，这样主家就不会有很多事情需要操心。但是目前套子湾 90% 以上的家庭还是不找这样的承包个体户，仍然自己操持全套宴席。宴席所需要的炊具、餐具、用具都是向本村邻居借，往往是东家借几个碗，西家借几个盆，这样凑够所有的用具。办婚宴所需要的帮手也来自乡邻，主家会邀请一位主管和许多帮忙干活的代劳者，办喜事的人家只是负责组织劳动力和用具，自己较少直接参与劳动。婚宴之前主家会邀请一位总管，由这位总管和主家商量婚宴总的经济支出和代劳者，商量好后主家就不再操心这些事情，具体由总管来决定各项开销和代劳人员的具体分工。总管多是由德高望重者且有一定组织能力，同时又有一定组织经验的人来担当，总管拥有最高的经济支配权和人事调配权。代劳者们一般会义无反顾地帮忙。当然，在乡间这种代劳有互助的含义包含其中，自然也有一种浓厚的乡情在互相代劳与互借婚宴用具的过程中流淌。

历史上套子湾村接新娘是用几个凳子绑起来作为轿子，由公公婆婆去村外把新娘抬回来，以示重视和欢喜。临近的个别村庄还延续这种古老的接亲方式，套子湾村现在接新娘都用小汽车。接亲车辆情况也视主家的经济条件有所差异。婚礼由司仪主持，与现在城市汉族婚礼的过程基本一致，仪式中比较重要的就是新娘给公公婆婆倒酒，称呼"爸爸""妈妈"，公公婆婆会给新娘准备开口红包。新娘给其他参加宴席的来宾要一一倒酒，这是认识婆家大小亲戚和周围邻居的过程，来宾们也会给新娘准备红包，但数额不多，1~100元不等，起到调节气氛的作用，给得越少越有笑料，主宾双方都不会介意红包数额的大小。回门一般在婚礼之后的第三天，和其他地方的汉族习俗基本一致，这里就不再赘述。

三　葬礼

套子湾村现在还普遍实行土葬，据村副主任聂某山介绍，迄今为止只有一位老太太前几年按照遗愿实行火葬，火化之后，骨灰盒依然是按照民间土葬的仪式和习俗埋葬在墓地中。村里没有集中的墓地，一般都是自己选择山上风水好的地方，或者葬在自家自留地头，选择墓地和下葬时间都要请阴阳先生来测算（建房要请阴阳先生划线才可建房，婚礼时间也邀请阴阳先生择日）。墓地是直坑，没有穿堂，墓中压麻钱。葬礼没有演出或者乐队，一般3天下葬，头3日东家准备茶饭招待吊唁和送葬者，个别情况也会延长下葬日期，比如等待远途归来的子女，或者3日当天不符合阴阳说的下葬条件等，甚至有极少数出殡日期可以延长到一个月的。来吊唁者也要"搭情"，数额与婚礼"搭情"差不多，一般的关系搭50元。每年清明扫墓，春节前上坟，农历十月初一傍晚给亡故者送"寒衣"。

四　节庆礼仪

套子湾村民的主要节庆有除夕、春节、元宵、清明、端午、中秋，还有十月初一为亡人送"寒衣"的风俗。每年农历十二月初八各家各户都会煮腊八粥庆祝当年收成，并在粪堆上砌放冰块祈求来年五谷丰登、六畜兴旺，位于套子湾村部东南 300 米处的卧虎山庙，在这一天也会举行活动。除夕之前，在外地工作或走亲访友的人都要回家团聚，贴春联、挂年画、贴"福"字，打扫布置房屋，穿新衣。年夜饭后全家欢聚一堂，给孩子压岁钱和糖果等，通宵不寐。正月初一是一年里最欢快的日子。其他节日与周围汉族大致相当，不再赘述。

春节必有社火表演。每个村都有社火队，套子湾也有自己的社火队。春节期间，全镇所有村的社火队组成演出队，到全镇各村进行社火表演，成为春节一道靓丽的风景。套子湾社火队的演员不固定，根据当年可以参加排练和演出的人员情况来定。服装由村委会提供，也有个别社火爱好者自己愿意花钱买漂亮的演出服穿上表演。到其他镇、村巡回演出时都需要租借车辆，车辆也由村委会借或者租，但演员演出期间吃饭问题由自己解决。社火一般有旱船、舞狮子、秧歌等。元旦一般举行篮球、象棋、拔河、跳棋等比赛。

五 宗教信仰——卧虎山庙

民间信仰在套子湾村非常盛行，村民大部分信仰民间宗教。笔者2017年9月到套子湾调研时，距离村部东南方向400米处的卧虎山庙正在翻建，52岁初中文化程度的村民吴某林任翻建工程主要负责人。

吴某林介绍，此次翻建共花费十几万元，仅门口正在安放的宝塔就花费4.8万元，翻建所需经费都由村民自愿捐助，随心布施，全村也只有2~3户人家没有出钱。庙里供奉着关公、送子娘娘等。王母娘娘寿辰、九月初九卧虎山都要办庙会。村里也有常来问病的村民，由庙里的"神"开具药方，庙里的管理人员

图1-4 套子湾村卧虎山庙

帮着打字，药方开在符纸上，村民拿着药方去药店买药治病，看病村民随心布施。每月的初一、十五都会有人来拜神，有时候村民有心愿也会来祈福。每逢初一、十五的中午 12:00~14:00 庙门会开放。卧虎山庙据说由于非常灵验，在周边小有名气，许多人从远处慕名前来，求得神灵保佑，获得神符后，心满意足离开。卧虎山庙不收费，由热心群众负责日常管理。民间信仰在我国有悠久的历史传统，是中国社会的一种特有文化现象。但长期以来，民间信仰并没有受到应有的关注，人们一般谈到宗教，往往就指佛教、道教、伊斯兰教、基督教、天主教等建制宗教，有意无意忽略了民间信仰在中国人信仰结构中的地位。梁漱溟先生在《东西文化及其哲学》一书中认为：世界上宗教最微弱的地方就是中国，最淡于宗教的人是中国人。[1] 实际上，从民间信仰的角度看，中国人一点都不缺宗教。美籍华人学者杨庆堃先生在他的《中国社会中的宗教》一书中指出：在中国广袤的土地上，几乎每个角落都有寺院、祠堂、神坛和拜神的地方。[2]

---

[1] 梁漱溟：《东西文化及其哲学》，商务印书馆，1999。
[2] 〔美〕杨庆堃：《中国社会中的宗教》，范丽珠译，上海人民出版社，2007。

寺院、神坛散落于各处，比比皆是，表明宗教在中国社会强大的、无所不在的影响力，它们是一个社会现实的象征。套子湾村的民间信仰，包括卧虎山庙的修建及其规模，正好可以为杨氏的观点做一个很好的佐证。

第二章

精准扶贫的套子湾实践

第一节　精准扶贫与宁夏反贫困历史

一　精准扶贫与精准脱贫

习近平总书记在哲学社会科学工作座谈会上指出：理论的生命力在于创新。创新是哲学社会科学发展的永恒主题，也是社会发展、实践深化、历史前进对哲学社会科学的必然要求。哲学社会科学创新可大可小，揭示一条规律是创新，提出一种学说是创新，阐明一个道理是创新，创造一种解决问题的办法也是创新。同时，习近平总书记还指出：理论思维的起点决定着理论创新的结果。理论创新只能从问题开始。从某种意义上说，理论创新的过程就是发现问题、筛选问题、研究问题、解决问题的过程。[①] 党的十八大以来，在以习近平同志为核心的党中央坚强领导下，我国的各项事业取得举世瞩目的成就，特别是在扶贫工作方面。十八届五中全会明确提出到 2020 年我国现行标准下农村贫困人口实现脱贫，贫困县全部摘帽，解决区域性整体贫困。"十三五"期间脱贫攻坚的目标是，到 2020 年稳定实现农村贫困人口不愁吃、不愁穿，农村贫困人口义务教育、基本医疗、住房安全有保障；同时实现贫困地区农民人均可支配收入增长幅度高于全国平均水平、基本公共服务主要领域指标接近全国平均水平。从现在到 2020 年，只剩下短短的两年多时间，时间紧、任务重。从全国精准扶贫情况看，由于各地自然禀赋、人员素质等存在差异，扶贫工作存在不均衡性，各地面对的问题与困难也各不相同，百村扶贫调研项目立足全国，重点关注集中连片贫困地区，通过对我国最小的行政单位——村的关注，从中看到各地精准扶贫的基本做法和实践效果，以发现带有普遍性的问题、找到解决贫困问题的方式方法。

① 习近平：《习近平谈治国理政（第二卷）》，外文出版社，2017。

二 宁夏反贫困的历程及其经验

宁夏地处西北内陆，是典型的欠发达地区，中南部是六盘山集中连片特困地区的核心区域。改革开放以来，党中央国务院非常重视宁夏扶贫工作，从 1983 年以来，宁夏的扶贫开发经历了"三西"扶贫开发（1983~1993 年）、"八七"扶贫攻坚（1994~2000 年）、千村扶贫攻坚（2001~2010 年）和百万人口扶贫攻坚（2011 年至今）四个阶段，形成了吊庄移民、"1236"工程（由南部山区贫困地区搬迁 100 万人口，开发 200 万亩土地，投资 30 亿元，用 6 年时间完成）、整村推进、生态移民、精准扶贫等扶贫模式，取得了显著的成绩。具体成绩见图 2-1 到图 2-3。

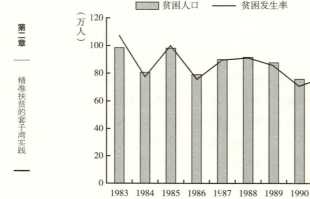

图 2-1　1983~1993 年宁夏回族自治区扶贫成效

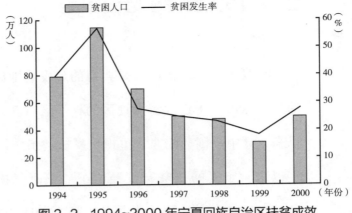

图 2-2　1994~2000 年宁夏回族自治区扶贫成效

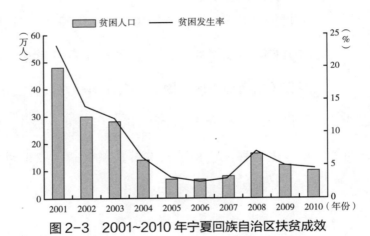

图 2-3　2001~2010 年宁夏回族自治区扶贫成效

表 2-1　主要年份宁夏各市县农民家庭年均纯收入

单位：元/人

地区	1985 年	1990 年	1995 年	2000 年	2005 年	2009 年	2010 年
全区	326	594	1037	1724	2509	4048	4675
川区	419	805	1530	2701	3584	5260	6011
山区	200	363	600	987	1687	2916	3416
吴忠市	355	648	1213	2194	2891	4391	5041
盐池县	365	534	821	1136	2005	3288	3669
同心县	221	427	812	1194	1710	2914	3421

地区	1985 年	1990 年	1995 年	2000 年	2005 年	2009 年	2010 年
固原市	195	352	553	928	1715	2962	3477
原州区	248	395	628	933	1727	3005	3546
西吉县	166	338	447	902	1740	2944	3459
隆德县	187	383	631	1082	1696	2959	3478
泾源县	215	246	457	971	1508	2726	3168
彭阳县	156	369	657	896	1764	3046	3556
中卫市	—	—	—	—	2537	3853	4439
沙坡头区	341	702	1381	2495	3349	4700	5358
中宁县	370	632	1470	2648	3307	4619	5288
海原县	201	333	470	877	1446	2640	3111

注：中卫市于 2003 年底设立。

资料来源：《2011 年宁夏统计年鉴》。

2012 年 6 月，自治区第十一次党代会提出要举全区之力打好 35 万生态移民和 65 万贫困群众扶贫攻坚两场硬仗，大力推进百万人口扶贫攻坚战略。宁夏"十二五"生态移民是宁夏扶贫历史上规模最大、难度最大、投入最多的扶贫开发工程。全区累计完成投资 123 亿元，通过土地权属处置批准安置区用地 9 万亩，批复建设移民安置区 161 个，建成移民住房 7.75 万套，搬迁安置移民 7.65 万户 32.9 万人。2017 年完成搬迁建档立卡户 2.5 万人，共计搬迁移民 35 万多人，完成了"十三五"易地扶贫搬迁的年度任务。

在长期的扶贫工作中，宁夏也积累了一些宝贵的扶贫经验。特别是闽宁合作模式，成为东西部扶贫协作的典范。1997年、2008年、2016年，习近平总书记三次来到宁夏，深入西海固地区走访慰问困难群众。1996~2002年，习近平总书记五次参加闽宁对口协作联系会议，三次发表重要讲话，提出"优势互补、互利互惠、长期协作、共同发展"的扶贫理念，在长期的扶贫开发工作中，闽宁两省区形成了以"联席推进、结对帮扶、产业带动、互学互助和社会参与"为主要做法的扶贫模式，为推动宁夏扶贫工作注入了活力。2016年7月20日，习近平总书记在宁夏银川主持召开东西部扶贫协作座谈会，充分肯定了闽宁扶贫协作所取得的成绩，为宁夏的发展指明了方向。由此，闽宁扶贫模式作为中西部扶贫协作的典范正式走向全国。

经过精准扶贫精准脱贫实践，截至2020年3月，宁夏盐池县、隆德县、泾源县、彭阳县、固原市原州区、海原县、同心县、吴忠市红寺堡区已脱贫摘帽，全区贫困发生率已下降到0.47%。

2020年初的新冠肺炎疫情冲击了国民生活的各个方面，增加了脱贫攻坚的难度。面对疫情影响和剩余的西吉县脱贫摘帽、1.88万贫困人口脱贫的"山中寨"和"硬骨头"，宁夏广大干部群众众志成城，以高昂的斗志努力克服疫情带来的消极影响、以满腔的热血坚决打赢脱贫攻坚收官战，确保与全国同步建成全面小康社会。

第二节　套子湾村的精准扶贫实践

2014年西吉县正式推开精准扶贫工作，经过两年多的努力，按照当年的规划，2016年，套子湾村达到了脱贫标准，实现了五通八有，经过村申请、吉强镇初审、西吉县复审、固原市审定，已经成功脱贫摘帽。目前，全村还有建档立卡户89户，占全村总户数的24.86%。2017年上半年，固原市围绕精准识别、精准退出、扶贫政策到户、扶贫产业到户、干部帮扶到户情况开展了脱贫攻坚"回头看"。套子湾村在整个精准扶贫实践中，按照"六个精准"和"五个一批"的要求，认真学习贯彻落实习近平总书记精准扶贫工作系列讲话精神和中央与区、市、县、镇扶贫工作会议精神，围绕全县"4156"工作思路，坚持把精准扶贫工作作为村"两委"中心工作，切实加强工作力量，任务分解到位，责任落实到人，扎实推进全村的脱贫攻坚工作。

一　套子湾村精准扶贫与精英带动

打造"两个带头人"工程是夯实精准扶贫实践基层基础的重要环节，是提升精准扶贫实践干部队伍建设的重要进程。在精准脱贫中，固原市实施农村党组织带头人、致富带头人"两个带头人"工程，充分发挥先富起来的党组织带头人的先锋模范作用。与此同时，选派728名处级、科级后备干部到贫困村担任"第一书记"，结对帮扶贫困户，讲政策、树信心，教技术、解难题，带领贫困户在产业链上致富增收。按照"培训提高一批、吸引召回一批、扶贫培育一批"的思路，加大政策项目资金支持，培育农村致富带头人2487名。致富带头人围绕"3+X"产业，每人帮带贫困户3~5户，形成大手拉小手、共同致富增收的利益体，领办、创办农业产业化龙头企业49家、示范合作社128家、二星级家庭农场105家。[1] 西吉

---

[1]　王玉平:《固原"两个带头人"引领贫困户增收致富》，宁夏扶贫网，2016年6月17日，http://www.nxfp.gov.cn/jjdj/201606/t20160617_13371.html。

县将农村党组织建设成为脱贫攻坚战中的核心力量，鼓励和支持农村党组织带头人和致富带头人积极参与到聚人心、暖人心、稳人心、得人心的脱贫攻坚工作中。[①] 2017 年 9 月，宁夏党委办公厅、政府办公厅印发《关于在全区农村基层推广"两个带头人"工程经验的意见》（以下简称《意见》），总结推广固原市以"建强村党组织带头人队伍、壮大农村致富带头人队伍"为主要内容的"两个带头人"工程经验，推动农村基层党建工作与脱贫富民战略互促共融。[②] 实际上，精准扶贫实践中的"带头人"就是村庄里发挥主观能动性带动村庄脱贫攻坚的精英。套子湾村前任村支书张某兵就是这样一位带动村庄脱贫致富的能人。

张某兵，男，汉族，生于 1965 年，西吉县吉强镇人。在套子湾村，张某兵是一个带有一定传奇色彩的人。早年经商致富，2002 年进入套子湾村两委班子，由村主任到村支书，治理套子湾村十余年，是当地集政治权威与经济权威于一体的显赫人物。在担任

---

① 朱立杨：《西吉"两个带头人"领跑脱贫攻坚战》，人民网，2016 年 7 月 3 日，http://nx.people.com.cn/n2/2016/0703/c192468-28602255.html。

② 张文攀：《宁夏在农村基层推广"两个带头人"工程经验》，人民网，2017 年 9 月 21 日，http://nx.people.com.cn/n2/2017/0921/c192482-30758466.html。

套子湾村领导的十几年，张某兵带着大家发展经济，取得不俗的业绩，甚至套子湾村的村部由于县上缺少资金，都是由张某兵垫资修建的。正因为如此，张某兵多次受到西吉县委、县政府的表彰奖励，套子湾村也被西吉县评为精准扶贫示范村。张某兵是一个比较有商业眼光的人，早在2007年，西吉县开始大面积发展旱作节水农业，推广覆膜种植。时任村支书的张某兵瞅准机会，贷款购进了覆膜机、犁地机、收割机等农机具，以机械化代替人工覆膜种植，在周边乡镇揽活，年收入达30余万元。2013年，他成立了村里第一家合作社——选兵马铃薯机械化作业服务合作社，一次性订购了16台农用四轮车，带动有能力的村民一起经营农机具。按照每台3万多元的成本价，赊给了16户村民。经过3年发展，2016年加入农机合作社的农户有50多户，每户平均年收入不低于3万元。精准扶贫开始后，张某兵在县里的支持下，筹措资金，建设了22座蔬菜温棚和7000平方米的养驴场，为套子湾村产业发展奠定了基础。

（一）套子湾村的经济变革

马克斯·韦伯（Max Weber）将实际存在的具有

合法性的统治形式划分为传统型、魅力型和法理型统治三种。① 所谓传统型统治是建立在人们对传统神圣性信奉基础之上的统治形式，有老人政治、世袭制、封建制以及原始家长制四种类型；所谓魅力型统治是指建立在对具有超凡品质和特殊魅力的领袖人物崇拜和信赖基础之上的统治形式，这一形式所确立的社会关系是短暂的，最终会转向传统型、法理型或二者混合型；所谓法理型统治是指建立在法律等理性基础上的统治形式。从某种意义上讲，张某兵在套子湾也经历了从个人魅力到传统治理再到依法治理的过程。1998 年 11 月 4 日，为了保障农村村民实行自治，由村民群众依法办理自己的事情，发展农村基层民主，促进农村社会主义物质文明和精神文明建设，第九届全国人民代表大会常务委员会第五次会议通过了《中华人民共和国村民委员会组织法》。规定村民委员会是村民自我管理、自我教育、自我服务的基层群众性自治组织，实行民主选举、民主决策、民主管理、民主监督。由于前期积累了较多的社会财富，张某兵在套子湾村民心中有较高的威望。2002 年，张某兵当选套子湾村干部，村民一度把发家致富的希望寄托在

① 　侯钧生：《西方社会学理论教程（第四版）》，南开大学出版社，2017。

他的身上。上任后，张某兵事实上也为套子湾村做了许多工作。2003年开始，张某兵顶着部分村民不理解的压力，跟村民磨嘴皮子、跑镇里、找县里，积极争取，修了村道，为村民解决出行难问题，修建了两座水库，把60多户村民沿河的1200亩旱地变成了水浇地，使得村民既增产又增收。2008年农村危窑危房改造工程中，张某兵为村民担保从建材商赊欠180多万元建筑材料，进而解决了村民自筹款项难的问题。致富能手身份使得张某兵得到了村民的认可，他成为套子湾村的主心骨，成为套子湾村大家庭的家长，成为套子湾村致富路上的带头人。2015年，为发展村集体经济，在张某兵提议下，由村党组织牵头，成立了套子湾村吉胜养驴专业合作社和套子湾村选彪休闲农业合作社。为了实施好新建规模养驴场和设施蔬菜日光温室，张某兵个人垫资500多万元且没日没夜筹备，当家人抱怨"搭钱吃苦"时，张某兵则是把村民的"指望"放在前。此时的套子湾村表面上张某兵是村支书，但实际上是套子湾村的"家长"①，实行的是事实上的家长制。长期执政套子湾，既为张某兵赢得各种荣誉，也使得他积攒了

① "家长"是广义而言，不是严格意义上马克斯·韦伯的定义。

足够的人怨。2016 年，县里进行精准扶贫建档立卡户"回头看"时，部分村民抓住张某兵的一些问题，对张某兵的统治提出挑战，向吉强镇乃至西吉县等上级单位反映张某兵"家长"作风，指控其在确定建档立卡户时有不公且部分资金去向不明，最终导致张某兵下台。

（二）套子湾村精英带动对精准扶贫实践的影响

国际上关于反贫困中精英作用的研究有"精英协作"和"精英俘获"两个概念。笔者认为，这两个概念应用在我国现阶段的精准扶贫，是一种预先把贫困者置于绝对弱势的片面观点。我国确实有不少专家、学者也都在这样一种预置片面观点基础上延伸精准扶贫或基层治理的研究。实际上，任何一个领域，有"精英"必然有"草根"，且二者在数量关系上呈现金字塔形态，"精英"永远占少数，"草根"永远占多数。反贫困领域也是如此。所以，针对精准扶贫中精英带动作用的研究，应该把"草根"作为一个具有主观能动性的主体来考察，在此基础上进行"精英"与"草根"双向的"协作"与"俘获"效应考量。

1. 套子湾村村庄精英带动精准扶贫实践的协作效应

第一是精英与草根之间的单向协作。张某兵刚刚当选村干部想要为村里做点事的时候，很多村民不理解，这就是一种典型的精英向草根的单向协作；在张某兵卸任前夕进行精准扶贫建档立卡户识别时，那些想进入建档立卡扶持之列的村民与张某兵之间体现了一种草根向精英的单向协作。第二是精英与草根之间的互相协作。在套子湾村治理处于张某兵致富魅力型统治时，精英张某兵与草根村民之间是一种非经济性的情感共同体，部分有改变当时贫困状况愿望的草根村民被精英张某兵致富魅力所吸引；精准扶贫建档立卡户识别时张某兵与进入村组织视野的村民之间也是互相吸引。此时，精英与草根彼此之间力的作用方向一致，是互相协作。第三是精英与草根互相协作后形成的精英圈协作。早年间被张某兵带动致富的村民组成了套子湾村的精英圈，当致富效益不能持续放大或维持时，彼此协作之势就会出现问题。

上述三类协作，其最终效应可以从正负两方面来看。正效应体现在套子湾村从村容村貌到村民生活的确有所改善，村庄发展在吉强镇和西吉县成为典型；负效应则主要体现在张某兵的离任以及套子湾精英与草根协作效应的消失和双方之间深深的芥蒂与不信任。事实上，仅从建档立卡户名单来看，张某兵卸任前后并没有发生根本性大规模调整，说明张某兵在建档立卡户的选任问题上并无多大问题，至于经济问题，我们在调研过程中，上级组织尚无定论，我们对此也暂时不做评价。

2. 套子湾村村庄精英带动精准扶贫实践中的精英俘获

精英俘获，作为一个分析性的概念，反映了现实中扶贫资源被精英获取的现象。权力、结构、制度是检视产生精英俘获的重要维度。扶贫工作作为嵌入式乡村治理的一个重要组成部分，体现在套子湾村统治类型变迁的各个时期。当前，乡村政治发展的一个重要特点就是政治精英与经济精英的融合，这在套子湾村反映得特别明显。张某兵是村支书，又是致富能人，兼具套子湾村庄的政治精英和经济精英双重身份，这样一种权力混搭，使得他占有较多的权力、信息、资源，为个人谋取私利创造条件，至少使得大家有理由怀疑他对村庄的忠诚。在精准扶贫推进中的压力层层传导机制和项目推进方式，也使得各种经济精英成为精准扶贫的最大获利者，村庄中的政治权力、经济权力、关系网络、个人禀赋等都参与到扶贫资源的分配过程中，形成了精准扶贫过程中精英俘获的一幅图景。在套子湾村，张某兵、宁夏喆强农林科技有限公司、合作社和一些经济能人就成为精英俘获的最大受益者，而村民在很多情况下只是一个看客而已。

二 套子湾村精准扶贫过程中的"典型"示范

（一）套子湾村在精准扶贫过程中的"典型"示范

2016 年，西吉县牢固树立"能人带动致富、党建引领发展"的理念，以开展农村党组织带头人和致富带头人带动贫困户脱贫的"两个带头人"工程为抓手，着眼建设发展型班子、培育带富型标兵，探索出了驻村帮扶、能人引领、龙头带动、托管种养、全赠半返、红利反哺、劳务创收、休闲旅游、科技支撑、金融扶贫 10 种带富模式。其中，张某兵作为吉强镇套子湾村政治和经济精英，他和套子湾村成为吉强镇、西吉县探索能人引领带动群众致富、助力脱贫攻坚、打造"两个带头人"工程的典型。多年来，张某兵创办的农机合作社带动 50 多户农户参与机械化作业，户均年收入 3 万多元。俗话说，火车跑得快，全靠车头带。套子湾村发挥农村致富带头人作用，用产业发展带动贫困户脱贫。2016 年，套子湾村创新开展"1594"精准扶贫新模式，以村集体经济为依托，按照"马铃薯 + 肉驴 +X"的扶贫路径，整合资金 1020 万元，其中项目支持 550 万元、张某兵等致富带头人入股 230 万元、精准扶贫户贷款入股 240 万元，组建了村集体控股的西吉县金穗农业综合开发有限公司，下设现代农业、休闲农业、现代养殖业、娱乐餐饮业和水资源开发利用 5 个合作社，将全村 94 户精准贫困户全部吸收成为社员，大力发展村集体经济，带领贫困户脱贫致富奔小康。①

（二）套子湾村在精准扶贫过程中的"典型"示范效益

20 世纪 60 年代兴起于美国的社会交换理论借

① 《西吉县能人领闯脱贫新路》，西吉宣传微信公众号，2016 年 10 月 8 日，https://mp.weixin.qq.com/s?__biz=MjM5NjEyOTY3Mg%3D%3D&chksm=bd37c9bc8a4040aae1217171cefa6536c8d753e150d903546bd29fee9db8e4587b6f18338bdb&idx=2&mid=2653853531&scene=21&sn=587466e2001964ffad6c123ff4c64478。

用古典经济学理论的交换概念并将之扩展到更大范围的社会生活，认为在分析和理解人与人之间大多数行为的最佳方法是将其行为当作一种有形或无形的商品和服务来交换。这些商品和服务可以是食物、房屋、认同、同情或者是怜悯等。霍曼斯的交换理论共有成功、刺激、价值、剥夺—满足、攻击—赞同、理性六大命题。借用交换理论来理解套子湾村在精准扶贫过程中的"典型"示范效益，可以看出，张某兵深谙政府精准脱贫的运作逻辑。经过多年跟政府打交道的经验，张某兵知道，政府需要政绩和宣传效应，村民要的是实际利益，而这两点，是可以通过典型示范村的建设实现双赢的。事实上也确实如此，被评选为西吉县精准扶贫典型示范村后，套子湾村不但宣传了自己，也增加了和政府谈判的筹码，大量的帮扶资金被优先投入套子湾村，这也使得张某兵敢于欠债发展。

过去的套子湾村经济发展缓慢，村民当中有一部分全靠政府救助生活，根本没有可靠的经济收入，全村虽然耕地多，但分配不均，加上农户每年高投入与低收获的落差，让村民经济负担沉重；落后的信息条件，无法让人们的思想观念大幅度改变，文化教育的落后让大多孩子不能接受很好的教育，从小就开始为生活而奔波；政府只能保障很少一部分老弱病残的村民，但还有很大一部分村民都处于贫困当中。张某兵带头致富和先富帮后富恰恰满足了部分村民致富的需求。成效的取得及展现使得套子湾村精准扶贫在实践中作为"两个带头人"工程，被西吉县打造成典型，成为吉强镇、西吉县的示范工程，体现了打赢脱贫攻坚战的时代性。因而，这一典型的发现与培育过程，首先有效激发了套子湾村精准扶贫实践的内生力。其次，典型树立起来后，在形式多样的宣传过程中，上级领导视察、考察，社会各部门参观、经验学习等，从外部给套子湾村带来了更多的利益和机会。最后，树立起的精准扶贫实践典型绝不是昙花一现，为了保持或深化典型，来自各方对套子湾村脱贫攻坚成果的保护形成了一股强大力量。以套子湾村留守儿童关爱为例，全村共有一至六年级小学生 98 名，其中留守儿童 32 名。为进一步加强对农村留守儿童关爱保护工作，为广大留守儿童健康成长创造更好的环境，在固原市民政局救助站、西吉县民政局大力支持和关心下，吉强镇于 2016 年 11 月建成了套子湾村农村留守儿童

图2-4 套子湾村留守儿童之家

关爱之家。套子湾村留守儿童之家现有阅览室、微机室、活动室3间，面积60平方米，配套有电脑、电视等设备和儿童学习的图书、娱乐器材等。2017年上半年，新任村主任刘某恒也成功从吉强镇争取到洋芋籽3000斤，而这在吉强镇某些村庄里根本争取不到。

三 套子湾村后精英时期的精准脱贫

（一）套子湾村后精英时期界定

所谓套子湾村后精英时期，是指2016年底村支书张某兵卸任以后的时间，由于时期跨2016年和 2017 年两个自然年份，因而下文所述也含 2016 年情况。2016 年 12 月，套子湾村新一届村"两委"班子换届选举筹备工作拉开了帷幕。从新一届村干部（主要是村委会班子主要成员）情况来看，虽然任前是普通村民，但都是年轻有为的经济精英。

（二）套子湾村后精英的产生——"两委"班子的选举

1. 村党组织

2016 年 12 月 28 日，召开中共吉强镇套子湾村党员大会，选举产生党支部书记以及委员。

2. 村民委员会

根据《村民委员会组织法》《宁夏回族自治区村民委员会选举办法》，经村民会议（村民代表会议、各村民小组会议）推选，于 2016 年 12 月 26 日，推选产生了村民选举委员会，名单向全村进行公告并报吉强镇政府备案；2017 年 1 月 13 日，根据《乡镇村民委员会换届选举实施方案》规定，召开村民代表大会，推选了第十届套子湾村村民委员会候选人并报吉强镇村委会换届选举工作指导组，主任候选人提名 7 人确认 2 人、副主任候选人提名 5 人确认 2 人、委员候选人提名9人确认4人；最终，经民主选举产生村主任1名、副主任1名，委员2名。

3. 村务监督委员会

2017年3月31日，全村召开选举大会，选举产生村监委会主任1名，委员2名。

（三）套子湾村民对后精英时期村"两委"班子的评价

进入后精英时期的套子湾，村干部对村庄的治理依托的是其民主选举结果的法理型权威。尽管他们也是村年轻人中的佼佼者，但他们的能力有待于村民进一步认同。

1. 非建档立卡户对套子湾村后精英时期的精准扶贫、精准脱贫工作的评价

这里的非建档立卡户是指2016年底的非贫困户以及建档立卡调出户，评价依据是问卷调查数据。非建档立卡户以非贫困户为主体。非建档立卡户中有3户曾经是建档立卡户，其中仅1户人明确知道自己是2015年从建档立卡系统调整出来的，且乡村干部亲自入户调查过，但在调整时没签过字，有没有过公示也不知情，对建档立卡调整程序和结果都

不满意；有 24 户是非贫困户，从未进入过建档立卡系统，占非建档立卡户样本数的 77.41%；1 户表示不知道；3 户数据缺失。我们的问题如下：一是套子湾村扶贫项目安排是否合理。仅 3 户认为村扶贫项目安排合理，8 户认为比较合理，二者占非建档立卡户样本数的 35.48%；7 户认为扶贫项目安排一般，占非建档立卡户样本数的 22.58%；5 户认为扶贫项目安排不合理，占非建档立卡户样本数的 16.13%；5 户表示说不清；数据缺失 3 户。二是套子湾村贫困户选择是否合理。仅 2 户认为村贫困户选择合理，6 户认为比较合理，二者占非建档立卡户样本数的 25.81%；4 户认为村贫困户选择一般，占非建档立卡户样本数的 12.90%；11 户认为村贫困户选择不合理，占非建档立卡户样本数的 35.48%；5 户表示说不清；数据缺失 3 户。三是套子湾村扶贫效果如何？13 户认为村扶贫效果比较好，占非建档立卡户样本数的 41.94%；4 户认为村扶贫效果一般，占非建档立卡户样本数的 12.90%；5 户认为扶贫效果不好，占非建档立卡户样本数的 16.13%；6 户表示说不清；数据缺失 3 户。四是你是否享受过扶贫政策。有 13 户表示享受过扶贫政策，占非建档立卡户样本数的 41.94%；其中，10 户享受过危房改造或基础设施建设补贴，2 户享受过种子补贴，3 户享受过低保补助，1 户享受过扶贫贷款，1 户享受过地膜补贴。

2. 建档立卡户对套子湾村后精英时期村"两委"班子的评价

这里的建档立卡户是指 2016 年底的一般贫困户、低保户、五保户、脱贫户，评价依据是问卷调查数据。逾七成贫困户是 2016 年建档立卡户，六成以上仍未脱贫。2015 年以前进入建档立卡系统有 6 户；2016 年进入建档立卡系统有 26 户，占建档立卡户样本数的 76.47%；1 户表示不清楚，1 户数据缺失。2017 年仍未脱贫的有 21 户，占建档立卡户样本数的 61.76%；10 户表示是在 2016 年脱贫，其中乡村干部入户调查 3 户并签了字、脱贫结果在全村公示，仅 2 户对脱贫程序和结果表示满意。未脱贫的对脱贫前景感到迷茫，仅 3 户表示努力在 2017 年和 2018 年脱贫。我们的问题如下：一是套子湾村贫困户选择是否合理。25 户认为村建档立卡户选择合理或比较合理，占建档立卡户样本数的 73.53%；2 户认为一般；4 户认为不合理；2 户认为说不清；1 户数据缺失。二是套子湾村扶贫项目安排是否合理。24户认为村建档立卡户扶贫项目安排合理或比较合理，占建档立卡户样本数的70.59%；4户认为一般；5户认为说不清；1户样本缺失。三是套子湾村扶贫效果如何？17户认为截至目前村扶贫效果非常好或比较好，占建档立卡户样本数的50%；8户认为一般；6户认为说不清楚；仅2户认为扶贫效果不太好；1户样本缺失。四是你认为套子湾村最主要致贫原因是什么。18户认为最主要致贫原因是缺资金，占建档立卡户样本数的52.94%；5户认为是因病致贫；4户认为因残致贫；4户认为因劳动力缺乏致贫；2户认为因学致贫；1户数据缺失。除此之外，部分贫困户认为自身发展能力不足和婚姻不佳也是致贫的因素。五是你是否得到过脱贫政策帮扶。11户表示仅得到了一项帮扶，占建档立卡户样本数的32.35%；得到两项及以上脱贫帮扶的近七成，其中14户表示得到了两项脱贫帮扶，5户表示得到了三项脱贫帮扶，3户表示得到了四项脱贫帮扶，1户数据缺失。20户认为得到的最多的帮扶就是基础设施改造，且以自来水、电入户以及危房改造为主；13户表示得到了小额信用贷款；13户表示生产发展得到了帮扶，其中种植业4户、养殖业9户；13户表示得到了公共服务和社会事业帮扶，其中教育帮扶 2 户、低保补助 11 户。

图 2-5　课题组与套子湾新任村委会主要领导合影

四　精英失落与精英匮乏

课题组第一次来到套子湾村时，张某兵正在担任村支书，初次见面，当我们说明来意后，张某兵给我们讲了许多套子湾村的历史。在那次谈话中，张某兵给我们描绘了套子湾发展的蓝图，特别是产业发展设想，对我们触动很大，也对张某兵产生了敬佩之情。当我们第二次来到套子湾村时，张某兵已经不再担任村支书职务，但我们在村部见到了他。和我们简单地寒暄几句话后，张某兵便匆匆离开。在和新的村委会班子交谈中我们也侧面了解了张某兵卸任的一些事情，或许是张某兵的名气比较大，也使得我们对新一届村委班子有了更多的关注，与新的村委会班子进行了长时间的交流。入户问卷结束后，为了准确了解张某兵的事，我们专门驾车十余公里（张某兵没有住在村上，而是住在自己距离村十余公里的农机修理厂），到张某兵的家中找他访谈。见到我们后，张某兵热情迎接了我们，并与我们促膝长谈，详细介绍了套子湾村的发展历史和自己为套子湾村所做的一切。从张某兵的话语里，我们很容易发现有明显的怨气和不满，其中也夹杂着一丝无奈和失落。在张某兵看来，自己为套子湾村付出了很多，包括资金和感情，在为村子服务的年月，他几乎放弃了家庭生意和家庭生活，一心扑在村子里，想一切办法让村民富起来，最后落得这样的结局实在有点冤枉。但在交谈中村民却不买张某兵的账，从村民的角度看，张某兵长期把持套子湾村务，以权谋私，获得了大量的利益，工作作风霸道，一人说了算，村级财务不健全，多年村里都是一笔糊涂账。双方之间的说法由于存在较大的差异，我们也吃不准谁说的是真的。结束在张某兵家的访谈后，我们坐车返回驻地，在路上，我们想，在当代中国农村，确实需要像张某兵这样的能人带动发展，但法治是未来国家的发展方向，任何人如果偏离这个轨道，不管你以前做过什么，给老百姓带来多少福祉，最后都不可避免被历史无情抛弃，从这个意义上说，张某兵的悲剧是时代性的，预示着一个传统能人时代的终结。随着新时代的到来，农村更加需要能人，但这些能人应该是新型能人，有法治理念、法治思维，有为民情怀，也具有相应的能力素质应该是他们的标配。后张某兵时代的套子湾村，随着能人张某兵的离去，随即陷入能人稀缺的尴尬境地。村"两委"是乡村政治的舞台，聚集了大批乡村的精英，经济精英、文化精英都希望通过村"两委"平台，实现自己的人生价值。所以，村民委员会的选举历来受到高度重视，有的地方竞争激烈，甚至出现贿选丑闻。但套子湾的情况则大有不同，张某兵卸任后，村"两委"班子一时没有合适的人选，条件合适的人又不是党员，给村"两委"选举带来问题。现在的村委会主任刘某恒、副主任叶某山都不是党员，根据吉强镇党委的安排，准备培养刘某恒以后担任村支书，叶某山担任村主任，现在正发展两人入党。后张某兵时代的套子湾村，精英缺失反映了长期以来过分依赖某位权威所导致的人才断层和结构性短缺，也反映了当前农村党的基层组织建设还存在薄弱环节。个人因素、宗族因素、经济因素都对基层组织建设产生影响，无法把优秀人才集中到党的基层组织中。特别是一些所谓"能人、强人"长期执政的乡村，为了维护自身的统治，这些能人有意打压有能力挑战他们权威的青年人，不容许他们在政治上进步，安排自己人进入"两委"班子，以此方式来延长自己的统治寿命。所以，越是这样的村庄，党的基层组织建设的问题越突出。我们上述调研数据就反映了套子湾村在发展过程中人才断层

图2-6 课题组在套子湾村头合影

存在的问题。大力加强套子湾村党的基层组织建设，注重培育人才，搭建人才梯队，不拘一格筑巢引凤是套子湾村后精英时代的重要任务。如果不重视农村人才工程建设，吸引大量年轻有为青年回乡创业，以现有套子湾村人力资源现状，要实现可持续脱贫是非常困难的。

第三节　套子湾村的产业扶贫

套子湾村是 2016 年精准扶贫脱贫销号村，属纯汉族村，其所在的西吉县位于我国"三西"（宁夏的西海固，甘肃的定西、河西）地区，这里干旱缺水、生态脆弱，产业基础薄弱、农民贫困程度深。近年来，套子湾村通过整村推进实现产业带动精准扶贫，整合项目、捆绑资金，走上农业产业化扶贫的道路，产业带动精准扶贫效果明显。套子湾村位于西吉县吉强镇西北部 13 公里，现有小二型水库 2 座，西吉县二级水库 1 座。退耕还林 3236 亩，耕地面积约7000 亩，全村硬化道路 12 公里，山上桃树、杏树飘香，青山绿水，重峦叠嶂。套子湾村全村辖 5 个村民小组，总户数 350 户，有人口 1350 人。18~60 岁劳动力 1060 人，常年外出务工人员约 400 人，创收达 200 万元以上。2015 年全村农民人均纯收入 5800 元。其中建档立卡贫困户 94 户 404 人，人均纯收入 3200 元。2015 年，套子湾村被西吉县委、县政府确定为 2016 年精准脱贫销号村，为坚决打赢脱贫攻坚战，结合村情实际，整合项目资金，创新"1+5+94"扶贫模式，套子湾村组建村集体控股农业综合开发公司，发展现代农业、休闲农业、现代养殖业、农业机械化、水资源开发利用 5 个合作社。将全村 94 户贫困户全部吸收为社员，帮助他们发展产业，增加经济收入，使村集体经济发展与脱贫工作同频共振、同步推进。

村两委通过"政府项目支撑 + 两个带头人助力 + 产业贴息贷款扶持"的方式，最大限度汇集人力、财力，合力攻坚。用于发展村级集体经济的政府项目资金，通过"一事一议"方式量化到村民和村集体持有股份，有效增加贫困户收入。目前，共整合资金 550 万元，致富带头人和村党组织带头人入股 230 万元，精准扶贫户产业贴息贷款 60 户 240 万元，解决了村集体经济发展融资难题，形成了多渠道投入、多层次推进、多方力量参与的良好局面。2017 年底，全村农民人均纯收入达到 7000 元以上，到 2018 年年底全村农民人均纯收入达到 1 万元以上。2019 年该村农业产业扶贫冬小麦免费供种落实到户，按照亩均 17.5 公斤免费供种，经落实共有 112 户 560 亩，供种数量 9800 公斤（其中建档立卡户 33 户 165 亩，非建档立卡户 79 户 395 亩）。

一　种植业是套子湾的基础产业

2016 年套子湾村种植马铃薯 2000 亩，户均 7.5 亩，品种为宁薯 9 号，种植紫花苜蓿 300 亩，一年生禾草 1000 亩，种植胡萝卜、芹菜等特色蔬菜 1100 亩，其中，胡萝卜 600 亩，芹菜 500 亩。旱作节水农业，计划覆膜种植 360 亩，共投资 9 万元（包含种子）。大力发展水浇地农业。2017 年计划在一座山顶新修 6000 立方米的水池 1 座，配套小高抽，铺设低压输水管道 2000 米，发展水浇地 500 亩。西吉县以套子湾为试点，将精准扶贫与发展村集体经济结合起来，通过走"村集体 + 合作社 + 基地 + 精准扶贫户"的农业产业化发展路子,抱团发展,实现贫困户与村集体经济发展壮大的共荣共赢。在经营上,由村委会领办公司,统一组织经营。贫困户按照自愿原则,将扶贫贷款统一以股权的形式入股到合作社,年终按股分红,形成在"基地务工收入 + 种植饲草收入 + 分红"的贫困户创收形式。固原市科协作为对口帮扶单位,共派遣 8 位科技领导干部和技术员结对帮扶 42 户贫困户,进行农业种植技术的指导和咨询,种植类别涉及玉米、马铃薯、小杂粮等。

(一)设施农业

2016 年,政府下拨 200 万元到村经费,用于壮大村集体经济实力。村"两委"召开村民委员会,决议将 200 万元全部投入宁夏喆强农林科技有限公司,建设 21 座日光温棚。村委每年收取 9500 元利息作为集体经济收益。2017 年 12 月之前,农民种植 12 个日光温棚,喆强公司种植 9 个,12 月以后所有承包全部收回由喆强公司种植,主要种植黄瓜、辣椒、韭菜、大蒜等,韭菜地里还尝试养殖蚯蚓。

（二）马铃薯种植

2016 年种植马铃薯 2000 亩，户均 7.5 亩，新品种为宁薯 9 号。作为传统产业，同时又是地方特色产业，马铃薯成为套子湾农户种植面积最广的作物。每户每年都有几千甚至上万斤马铃薯收获，到开春之时地窖里有几千斤马铃薯都不足为怪。2016 年马铃薯价格不好，好多农户因为卖价抵不过运输成本而失去出售的热情，任由马铃薯开春之时在地窖里发芽。

表 2-2　2018 年套子湾村马铃薯种植面积及产业扶贫补贴

序号	户主姓名	受益人口	土地确权面积（亩）	验收面积（亩）	种薯来源及数量	补贴标准（元/亩）	补贴资金（元）
1	冯某萍	6	6.83	4	自繁	100	400
2	张某平	7	15.73	10	自繁	100	1000
3	吕某强	3	15.73	1	自繁	100	100
4	吴某福	7	24.38	3	自繁	100	300
5	吴某林	4	28.87	0.7	自繁	100	70
6	吴某斌	6	13.19	3	自繁	100	300
7	尹某勇	5	10.8	6.5	自繁	100	650
8	常某强	5	18.86	2	自繁	100	200
9	常某民	6	19.96	3	自繁	100	300
10	张某文	4	23.89	3	自繁	100	300
11	舒某子	1	22.11	1	自繁	100	100
12	王某斌	4	24.41	2.5	自繁	100	250

序号	户主姓名	受益人口	土地确权面积（亩）	验收面积（亩）	种薯来源及数量	补贴标准（元/亩）	补贴资金（元）
13	张某宁	3	3.36	1	自繁	100	100
14	张某洲	4	8.15	3	自繁	100	300
15	张某武	5	33	2	自繁	100	200
16	张某巍	6	21.54	5	自繁	100	500
17	张某勇	3	39.95	6	自繁	100	600
18	张某玉	6	3.97	4	自繁	100	400
19	张某玲	5	37.6	2.4	自繁	100	240
20	张某林	7	29.33	5.5	自繁	100	550
21	张某强	6	21.14	5.7	自繁	100	570
22	张某吉	4	22.41	1	自繁	100	100
23	张某明	3	61.2	1.5	自繁	100	150
24	张某彪	5	15.16	4	自繁	100	400
25	张某林	4	20.7	4	自繁	100	400
26	张某锋	4	22.1	2.9	自繁	100	290
27	文某义	5	3.33	2	自繁	100	200
28	李某鑫	3	26.93	5	自繁	100	500
29	李某旭	4	11.09	2	自繁	100	200
30	李某强	6	31.32	4	自繁	100	400
31	李某龙	3	6.97	1	自繁	100	100
32	柳某贵	5	26.04	2	自繁	100	200
33	柳某学	4	15.51	1.5	自繁	100	150
34	樊某琴	5	22.23	3	自繁	100	300
35	王某安	3	16.04	2	自繁	100	200
36	王某安	2	27.13	2	自繁	100	200

序号	户主姓名	受益人口	土地确权面积（亩）	验收面积（亩）	种薯来源及数量	补贴标准（元/亩）	补贴资金（元）
37	王某民	2	7.9	1	自繁	100	100
38	王某花	7	31.77	4	自繁	100	400
39	王某金	2	22.43	5	自繁	100	500
40	王某刚	5	29.99	7	自繁	100	700
41	王某英	4	22.06	9	自繁	100	900
42	王某强	4	9.17	2.5	自繁	100	250
43	王某怀	4	33.94	10	自繁	100	1000
44	祁某龙	7	11.37	2	自繁	100	200
45	祁某武	3	30.03	4	自繁	100	400
46	祁某龙	7	11.3	2.8	自繁	100	280
47	祁某连	5	38.41	6	自繁	100	600
48	祁某峰	2	18.12	1	自繁	100	100
49	祁某峰	3	34.57	2	自繁	100	200
50	罗某太	7	19.42	4	自繁	100	400
51	罗某武	4	12.14	0.6	自繁	100	60
52	聂某宝	2	18.26	1.5	自繁	100	150
53	舒某强	3	3.97	1.5	自繁	100	150
54	赵某金	3	13.48	3	自繁	100	300
55	铁某军	7	34.91	6	自繁	100	600
56	金某强	5	14.16	6	自繁	100	600
57	马某忠	3	8.67	1.7	自繁	100	170
58	高某军	7	29.5	3.7	自繁	100	370
59	高某田	5	25.47	5	自繁	100	500
60	尹某强	4	9.6	4.6	自繁	100	460
合计	—	268	1241.6	206.1	—	—	20610

资料来源：《套子湾村 2018 年马铃薯种植补贴到户表》。

根据表 2-2 数据，马铃薯在套子湾农户的种植面积中是占比最大的作物，种植农户数量相比其他作物也是最多的。2018 年该村马铃薯主要还是自繁育品种，2019 年之后在马铃薯品种上有所调整，在自繁育的基础上增加了更新的品种。

（三）万寿菊

万寿菊作为套子湾村的特色种植，其种植技术难度低，产量和效益都要高于粮食作物，农民的种植积极性比较高。主要用于高级染料，市场前景良好，在附近的下寨、酸刺、后湾都有定点收购。另外政府还有特色农产品补助，2017 年补助标准为 300 元 / 亩，每亩农户大约收入 2000 元。2018 年补助标准提高到 500 元 / 亩。具体情况如表 2-3。

表 2-3　2018 年套子湾村万寿菊种植补贴到户

序号	户主姓名	受益人口	种植面积（亩）	万寿菊补贴资金（500 元 / 亩）
1	尹某勇	5	4	2000
2	张某宁	3	5	2500
3	张某强	6	5	2500
4	张某明	3	5	2500
5	张某林	4	4	2000

序号	户主姓名	受益人口	种植面积（亩）	万寿菊补贴资金（500元/亩）
6	王某刚	2	1	500
7	王某国	5	1	500
8	王某怀	4	3	1500
9	高某田	5	4	2000
10	高某鹏	7	2	1000
11	王某斌	4	5	2500
12	吕某强	3	5	2500
13	张某武	5	2	1000
14	张某巍	6	2	1000
15	文某义	5	2	1000
16	舒某国	4	5	2500
17	舒某强	3	5	2500
18	陈某国	3	2	1000
19	常某强	5	3	1500
20	常某民	6	3	1500
21	李某鑫	3	5	2500
22	李某旭	4	3	1500
23	李某龙	3	5	2500
24	柳某贵	5	5	2500
25	王某安	3	2	1000
26	王某安	2	5	2500
27	王国民	2	5	2500
28	王某金	2	4	2000
29	祁某龙	7	2	1000
30	祁某武	3	5	2500
31	赵某杰	1	3	1500
32	金某强	5	4	2000
33	舒某子	1	2	1000
34	马某忠	3	5	2500
35	吴某福	7	4	2000

序号	户主姓名	受益人口	种植面积 （亩）	万寿菊补贴资金 （500元/亩）
36	吴某斌	6	5	2500
37	吴某福	7	5	2500
38	张某玉	6	5	2500
39	柳某学	4	5	2500
40	祁某龙	7	2	1000
41	高某军	7	5	2500
合计		176	154	77000

资料来源：《套子湾村2018年万寿菊种植补助到户表》。

由于种植成本低，政府提供的产业扶持政策有相应补助，农户对万寿菊种植积极性很高。

（四）灌溉设施

2016年，套子湾村对21座温棚和3座养殖大棚配套了供水设施。工程新建滤水井1处，大口井1眼，泵房1座，50方蓄水池2座，配套潜水泵2台，铺设管道5.96公里，滴管带22.5公里，阀井11座；新建明渠38米，涵洞70米，消力井2座。工程总投资49.02万元，总造价47.4万元。同时，为防止沟岸坍塌，控制水土流失，美化乡村环境，规划了套子湾村沟道治理工程，治理沟岸长485米，土地平整 2 亩，回填采砂坑 2 处，核定总造价 22.3365 万元。

二 养殖业是村民致富的希望

2017 年建成钢架结构养驴棚 3 个，建筑面积 7000 平方米，配套设施齐全，计划养殖肉驴 1000 头左右，目前已养殖 240 头。投资总额 820 万元（钢架结构厂房 300 万元，征地 100 万元，厂房及道路硬化、亮化等 150 万元，饲草料等机械设备 50 万元，购置驴 220 万元），其中，村集体项目投资 420 万元（争取财政部门发展村集体资金 100 万元），占 51.2%；法人投资 160 万元，占 19.5%；农户投资 240 万元，占 29.3%。后期规划驴养殖业壮大后，注重发展驴肉、驴奶、驴皮、驴血、驴骨等后续产业的加工销售工作。脱贫销号之前，套子湾村共有 39 户建档立卡养殖户，养殖圈棚 3950 平方米，其中牛 257 头、驴 267 头、羊 107 只、猪 36 头，按照每户补贴 4000 元的标准，村民共接收精准扶贫项目资金补贴 356000 元。

（一）吉胜养殖专业合作社

为发展养殖业，套子湾村着力捆绑项目，采取集中实施、集体发展、利益分红等措施，成立了套子湾村吉胜养殖专业合作社，新建套子湾村养驴场，带动发展精准脱贫户59户。吉胜养殖专业合作社是集体控股的套子湾农业产业化发展有限公司的下设机构，公司的成立是西吉县探索农村股份制改革、走抱团发展道路的有益尝试。依托特色产业，整合项目资金、致富带头人入股、精准扶贫户贷款等资金1000余万元，征用土地100亩，新建标准化肉驴养殖圈舍4200平方米、饲养肉驴300余头，带动精准贫困户种植优质牧草2000多亩。

（二）"见犊补母"项目

2017年西吉县整合产业扶贫资金，实现了"见犊补母"项目全覆盖，全县共安排补贴资金4800万元，全部来源于整合产业项目补助资金，项目覆盖全县19个乡镇的所有养殖场（户）。对饲养基础母牛的养殖户，每繁育一头母牛，一次性补贴800元。饲养主体和所饲养的母牛（驴）及繁育信息全部建档立卡，建立完整档案资料，将基础母牛纳入固原市基础母牛信息化繁育平台，实行在线管理。套子湾作为脱贫销号村，由县委、县政府安排组织项目验收及资金兑付，项目资金于2017年11月底完成兑付。2018年该项目继续开展，并提高了养殖补助标准，具体如表2-4所示。

表2-4　2018年套子湾村建档立卡贫困户养殖（见犊补母）补助情况

序号	姓名	受益人口	养殖种类、数量	补助标准	应补金额（元）
1	高某田	5	3头猪	猪：400元/头	1200
2	张某玲	5	1头猪	猪：400元/头	400
3	尹某勇	5	1头基础母牛 2头猪	牛：2000元/头 猪：400元/头	2800
4	张某勇	4	4头基础母牛 2头猪	牛：2000元/头 猪：400元/头	8800
5	张某强	6	1头猪	猪：400元/头	400
6	张某民	3	2头基础母牛 2头猪	牛：2000元/头 猪：400元/头	4800
7	高某鹏	7	1头基础母驴 6只基础母羊	驴：2000元/头 羊：400元/只	4400
8	张某吉	4	1头基础母牛	牛：2000元/头	2000
9	高某宝	3	2头基础母牛	牛：2000元/头	4000
10	王某斌	4	3头基础母牛 2头猪	牛：2000元/头 猪：400元/头	6800
11	祁某龙	7	2头基础母牛 2头基础母驴	牛：2000元/头 驴：2000元/头	8000
12	祁某军	5	1头基础母牛	牛：2000元/头	2000
13	吴某福	7	2头基础母牛	牛：2000元/头	4000

序号	姓名	受益人口	养殖种类、数量	补助标准	应补金额（元）
14	高某军	6	1头基础母驴	驴：2000元/头	2000
15	柳某贵	5	2头猪	猪：400元/头	800
16	王某花	7	1头基础母驴 1头猪	驴：2000元/头 猪：400元/头	2400
17	王某金	2	3头基础母牛 3头猪	牛：2000元/头 猪：400元/头	7200
18	常某强	5	2头基础母牛	牛：2000元/头	4000
19	李某鑫	3	3只基础母羊	羊：400元/只	1200
20	常某民	5	1头基础母牛 1头猪	牛：2000元/头 猪：400元/头	2400
21	赵某金	3	1头基础母牛 1头猪	牛：2000元/头 猪：400元/头	2400
22	张某巍	6	1头基础母牛 1头猪	牛：2000元/头 猪：400元/头	2400
23	马某忠	3	3头基础母牛	牛：2000元/头	6000
24	张某林	7	2头基础母牛 3头猪	牛：2000元/头 猪：400元/头	5200
25	吕某强	3	3头基础母牛	牛：2000元/头	6000
26	王某刚	7	3头基础母驴 10只基础母羊	驴：2000元/头 羊：400元/只	10000
27	祁某连	5	5只基础母羊 1头猪	羊：400元/只 猪：400元/头	2400
28	文某平	3	3头基础母牛	牛：2000元/头	6000
29	李某强	6	2头猪	猪：400元/头	800

资料来源：根据套子湾村《2018年建档立卡养殖花名册》摘录。

建档立卡户养殖规模普遍较小，相对于贫困家庭受益人口数量来看，养殖收益的脱贫效果不明显。2019年底套子湾村产业扶贫"见犊（驹）补母"项目参与农户 37 户，共 168 人，补贴牛头数 88 头，补贴驴头数 38 头，共计补贴资金 63000 元。

（三）蜜蜂养殖

套子湾年均气温 5.3 度，无霜期 130 天左右，光照充足而气候干燥，这是养殖蜜蜂的天然优良条件。退耕还林还草后山坡地大量种植山毛桃、山杏，林间牧草是紫花苜蓿，牡丹种植面积也很大，户户庭前院后都会种植油用牡丹，这些都是丰富的蜜源物品种。套子湾村的农民世代都有养蜂传统，农民养蜂技术基础很好。2017 年套子湾村共有 5 户蜜蜂养殖户，共养殖 61 箱土蜜蜂，按照每箱补助 400 元的标准，共享受补贴资金 24400 元。

（四）蚯蚓养殖

人工养殖蚯蚓对于套子湾村是一项新兴的事业。可利用生活垃圾、秸秆、设施农业的废弃物、畜牧养殖的污染物等作为养殖原料，化废为肥，消除有机废物对环境的污染。蚯蚓可作畜、禽、鱼类等养殖业的蛋白质饲料，也可以用来改良土壤，培育地力，蚯蚓粪还可以制作有机肥，用于蔬菜等农作物。蚯蚓也是常见的中药材，在保健品和化妆品等轻工业中也被广泛应用，具有极高的经济价值。套子湾村目前有蔬菜大棚 21 栋，由于棚内土壤板结等原因，种植的蔬菜增效不明显，村民对大棚种植逐渐失去信心。2017年 10 月以来，套子湾村在帮扶单位固原市科协的支持下，探索蚯蚓养殖发展循环农业，拓宽脱贫路径。市科协组织镇村干部到陕西杨凌考察学习后，引进蚯蚓养殖改良土壤，发展循环农业，延伸扶贫产业链。村副主任聂某山参加西吉县学习团赴杨凌示范园观摩蚯蚓的套种套养受到很大的启发，2017 年套子湾村开始尝试立体养殖蚯蚓。该村投资 24 万多元引进蚯蚓种苗 3.1 吨，在 5 个六棚内试养，经过三个月的分解繁殖，投放的 3 吨蚯蚓繁殖到 15 吨左右，除去成本能增收 40 多万元。1 吨蚯蚓市场价在 5 万元左右。蚯蚓试养取得成功，将推广形成持久的扶贫产业，村委组织合作社优先向村里的 89 户建档立卡贫困户和有意愿养殖的农户供种进行养殖，实行公司定点回收保障机制，利用村集体经济建设蚯蚓粪有机肥加工厂。1 吨蚯蚓粪加工的有机肥在 600~1200 元不等，养殖经济效益可观。从养殖原料方面，养殖蚯蚓原料很广，家畜粪便结合农业废弃物经过简单堆积发酵可以直接养殖蚯蚓，村里现有的养驴场，就能保证喂养蚯蚓的原料。这些农业废弃物经过蚯蚓转化就成为高效有机物，还能明显改善土壤结构，减少化肥用量。蚯蚓养殖在全村推广后，绿色、无公害的农产品已成为套子湾村的品牌。

三 休闲农业、旅游业是村民增收的重要渠道

套子湾村依山傍水，三面环山，冬无严寒夏无酷暑。退耕还林后山坡上绿意盎然，机修梯田层层叠叠，错落有致；村里三处堤坝处静水深流，碧波荡漾，是垂钓休憩的绝佳场所，垂钓中心和农家乐都按照计划有望培育成产业。依托村上3座水库，建设垂钓中心和农家乐生态休闲农业示范园，打造生态农业产业链条，发展循环农业。目前村里成立"套子湾村选彪休闲农业合作社"，建设休闲垂钓草莓采摘园，按"园区景区化、农旅一体化"标准打造，带动发展精准脱贫户24户。项目建成后，统一交由村级集体经济合作组织持有和管护，每户精准脱贫户领种一个温棚，所得利润与村集体共享分成，既支持了精准脱贫，又催生了村集体经济，实现全

面精准脱贫。村委会对本村未来旅游业和观光休闲农业有较大规模和长远的规划。未来将委托林业、国土、科技、规划设计部门，对本村的观光农业和休闲旅游业进行总体规划设计。目前村部东南 500 米的堤坝处已经建成可休息娱乐和垂钓的基本设施，并承包给个人经营。

四 服务业发展较为滞后

由于距离县城较近，服务业在套子湾村发展缓慢，基本每个村民小组都有 1~2 户村民利用自家房屋开的小卖部，满足村民基本生活需求。除此之外，许多村民在县城或距离县城不远的地方从事商业经营和农机修理，有的在县城或外地开餐馆，有的也从事其他经营活动。这部分村民平时忙于经营事务，只有逢年过节才回乡与亲人团聚。从村民整体收入看，服务业占比并不大，但对个别从事服务业的家庭而言，服务业的收入在家庭收入结构中占比可能很高。村民对服务业需求不是很强烈，如有需要，特别是婚丧嫁娶，一般会到西吉县城或其他地方聘请专业服务团队，套子湾村没有专业的社会服务机构。

五 劳务产业是村民的主要收入来源

套子湾村靠近西吉县城，客观上为村民外出打工创造了较好的条件。套子湾村村民大部分在本县域打工，主要从事与建筑有关的行业，一些妇女从事服务业。也有一些年轻人在外地打工，也多从事建筑业工作和在一些企业打工。我们在套子湾村调研时发现，年轻人基本都在外打工，劳务收入已经占到家庭收入的 70% 左右，有的家庭甚至更高。劳务收入成为套子湾村村民收入的主要来源，反映了改革开放以来，套子湾村民观念的转变和收入来源的多元化。但与此同时，由于劳务市场受经济大环境的影响较大，劳务收入占比过高也给农民收入带来不稳定的因素，特别在经济形势不是很好的情况下，农民收入波动就特别明显。套子湾村的村民，多数在县城及周边打工，少部分年轻人在外地打工。随着近年来经济形势不是很好，许多外地打工的人出现回流态势。调研中还发现，一些村民由于长期在外地打工返乡后又没有合适的工作，整天闲转、无事生非、聚众赌博、酗酒闹事经常发生，在春节期间和农闲时节特别明显，给套子湾村社会治理造成潜在隐患。

六　特色优势产业保险

为全面提高贫困户产业发展风险保障水平，帮助贫困户摆脱因自然灾害、意外事故致贫返贫的恶性循环，西吉县根据中央、自治区、市有关政策文件制定《西吉县特色优势产业保险实施方案》，充分发挥保险的风险保障和经济补偿功能，有效助推产业脱贫成效，简称"扶贫保"。主要保险对象是从事特色种植、养殖的建档立卡户。种植业保费由农户自筹6%，养殖由农户自筹3%，剩余部分由扶贫专项资金支付。种植业保险期限为作物种植或移栽起至成熟收获，养殖业保险期限为一年。在一个保险周期内亏损的情况下，亏损部分由政府与保险公司按照6∶4的比例分担风险，即政府承担60%，人保财险承担40%。在一个保险周期内盈利的情况下，盈利部分40%由人保财险西吉公司返回资金池，滚存下年周转使用。对因自然灾害、疫情、市场价格波动等不可抗拒因素造成的直接损失可以按照标准进行理赔，降低农户和合作社经营风险，为套子湾村产业发展保驾护航。

图 2-7　课题组和村干部在村部核对有关数据

第三章

套子湾村的社会结构与村庄治理

第一节　套子湾村的社会结构

一　套子湾村的家庭结构

2016 年，套子湾村有 358 户 1430 人，平均每个家庭户的人口为 4.0 人，比 2010 年第六次全国人口普查的 3.1 人高 0.9 人；比套子湾 2014 年的 3.7 人（348 户 1301 人）高 0.3 人，说明套子湾村平均家庭人口呈上升趋势。户主是男性的有 307 户，占 85.8%；户主为女性的 51 人，占 14.2%。村中已婚育

图 3-1　套子湾村的普通农家

龄妇女 297 人，其中无子女的 7 人，占 2.4%；有 1 个孩子的 16 人，占 5.4%；有 2 个孩子的 106 人，占 35.7%；有 3 个孩子的 86 人，占 29.0%；有 4 个孩子及以上的 82 人，占 27.6%。家中有两个孩子的最多，九成以上妇女有 2 个及以上子女。

二　套子湾村的阶层结构

随着我国改革开放的深入，城乡结构和社会阶层发生了很大的变化。根据社会人占有组织资源、经济资源、文化资源的不同，陆学艺教授认为当前中国社会阶层已分化为"十大社会阶层"，即国家与社会管理者阶层、经理人员阶层、私营企业主阶层、专业技术人员阶层、办事人员阶层、个体工商户阶层、商业服务业员工阶层、产业工人阶层、农业劳动者阶层、城乡无业失业半失业者阶层。每个人随着占有资源的变化，其所处的阶层随之改变。近年来，随着城镇化的迅猛发展，农业人口向城市流动现象日益突出，因而农业劳动阶层向私营企业主、个体工商户、商业服务业员工、产业工人等阶层流动。

在农村，大多数有劳动能力的人口不再从事农业生产，他们多从事二、三产业劳动，由农业劳动阶层向其他阶层流动，成为私营企业主、个体工商户、商业服务业员工、产业工人等。这些群体中，少数人成为村里的政治精英、经济精英，大多数则是农民工。因此，套子湾村社会阶层大致分为农村管理者、私营企业主、农村专业技术人员、个体劳动者、商业服务业员工、产业工人、农业劳动者。一些私营企业主、个体劳动者是村里的致富带头人，是村里具有影响力的经济、社会精英，他们眼界开阔、思维方式灵活，经济条件基础好，有较强的经营能力，向上阶层流动较为容易。由于他们经济和能力的优越性，个别人被选拔为村干部，进而成为村里的政治精英。由过去的私营企业主、个体工商户、产业工人阶层，转化为农村管理者阶层。吉强镇有致富带头人 114 人，是村干部的有 18 人，占 15.8%。村干部是农村管理者，他们是套子湾村的政治精英，是政府与村民之间的桥梁和纽带。一方面，他们代表政府行使国家的权力，执行国家的法律政策；另一方面，他们代表农民群众，向政府反映民意和维护农民的利益。套子湾村社会经济的发展，与农村管理者有很大的关系。这些村干部也参与农业劳动、企业经营、个体经商、商业服务业等。现任套子湾村干部刘某恒今年承包两个小工程，同时还种哥哥的 20 多亩地；村副主任是个体劳动者，做工程时带动村里几十人一起劳动；村妇女主任临时在县城食品厂打工；前任村支书经营着一家农机修理厂。村干部不仅占有政治、经济资源，同时掌握着政府各类公共资源，他们对农村社会经济发展有较大的影响。农村专业技术人员是农村的文化人，属于农村的社会精英，主要分布在农村的教育、医疗卫生、文化科技等领域，对农村的生产、生活、社会发展具有一定的影响。他们有较高的文化程度，享受国家工资、生活补助待遇，从事稳定的职业，具有较强的专业性，长期兢兢业业、默默无闻地工作。这类人员套子湾村非常少，村小学 2 名教师上半年退休后，仅剩 1 名教师，老师年纪已 50 多岁；村卫生室只有一名医务工作人员，今年 54 岁，中专学历，在村里从医 30 多年。这类人虽然年龄老化，但在农村具有一定地位，受到村里人的尊重。除农村管理者外，大多数有劳动能力的农民，尤其是年轻的农村人口，由于经济基础薄弱，且文化程度较低，他们不喜欢务农，则向个体工商户、商业服务业员工、产业工人阶层流动。这类群体大部分是男性，绝大多数是 45 岁以下，初中及以下文化程度占大多数。2017 年初，西吉县农村转移劳动力就业人口中，女性占 33.0%，年龄在 16~45 岁占 93.0%，初中及以下学历占 82.0%，到区外打工的占 58.0%。他们长期在外打工，比较关心国家政策、法律、法规，有较强的维权、参政意识，他们占有的经济资源、社会资源也日益提高。当他们不再打工时，则回归农村成为农业劳动者。他们熟悉、了解农村和城市文化生活，是联系城乡、沟通工农的桥梁和纽带，是未来新农村繁荣发展的主力军。农村农业劳动者是以农业收入为生活来源的农民，他们是农村最大的社会阶层，也是农村弱势群体。他们在经济条件、教育文化、身体健康等方面均处于弱势，或是需要承担家庭的责任，因而阻碍了他们流向城市务工。他们年龄普遍偏大，虽然有丰富的农业劳作经验，但劳动能力不强；由于青壮年男性外出打工，常年从事农业劳动者性别比例失衡，以女性为主。当农业生产强度较大、集中农忙时，青壮年男性劳动力暂时回到农村参与劳动。更多的时候，从事农业劳动的则是留守老人和留守妇女。值得关注的是，套子湾村精准脱贫建档立卡户中平均每个家庭有 1.7 个劳动力。这些劳动力多数为农业劳动者，资金困难的占 66.0%，因生病而困难的占 23.4%，身体残疾的占 10.6%。由于资源短缺，这些贫困户的社会地位日益低下，因而需要国家、社会采取措施给予相应的扶持救助。

第二节　套子湾村的村庄治理

一　治理结构

套子湾村共有中共党员 36 人，其中 50 岁以上

图 3-2　套子湾村村部

中共党员 20 人, 文化程度全部在初中及以下。村里有党员代表会, 党员代表 4 人, 属于村"两委"的有 4 人, 全村共有党小组 1 个。套子湾村村民委员会共 5 人, 村"两委"没有交叉任职, 全村村民代表 30 人, 村民代表中属于村"两委"的有 1 人。村中设有村务监督委员会, 村监委会共 3 人, 均具有村民代表资格。村中设有民主理财小组, 小组共 6 人, 属于村"两委"的 1 人, 具有村民代表资格 1 人。村党支部书记现由一大学生村官担任, 党龄 3 年, 任职前刚刚大学毕业。村主任、副主任、会计均由套子湾村村民担任, 平均年龄 34 岁, 均是首次任职, 任职前是普通村民, 学历最高的是村会计, 高中毕业。

二 村民自治

（一）民主选举，平稳交接

2016 年底，由于原村支书张某兵突然卸任，套子湾村开展新一届村"两委"换届选举。根据相关法律法规及选举办法，于 2016 年 12 月至 2017 年 3 月，套子湾村实现了村党支部、村民委员会的换届选举，同时还选举产生了村务监督委员会。按照相关选举流程，实现了各项工作的平稳交接。

（二）充分发挥基层党组织领导核心作用

加强基层党的建设、巩固党的执政基础是贯穿社会治理和基层建设的主线。套子湾村党支部在加强基层服务型党组织建设过程中，明确了建设坚强有力领导班子、本领过硬骨干队伍、功能实用服务场所、形式多样服务载体、健全完善制度体制、群众满意服务业绩六大建设目标，体现了服务改革、发展、民生、群众、党员五个服务内涵。

（三）注重发挥基层群众性自治组织基础作用

充分发挥自治章程、村规民约、居民公约在城乡社区治理中的积极作用，弘扬公序良俗，促进自治、法治、德治有机融合可以进一步实现村庄的有效治理。套子湾村在日常工作中形成了村级组织议事决策会议制度，以及村务事项由村党支部提议、村"两委"会商议、村党员大会审议、村民代表会议决议，决议公开、实施结果公开的"四议两公开"监督机制。

（四）依法办事，法治意识日渐增强

党的十八届四中全会以来，法治建设成效显著，尤其是在农村基层精准扶贫领域，更是如此。通过法治建设，从西吉县到吉强镇再到套子湾村，形成了依法办事的社会环境；通过法治学习，套子湾村从村干部到普通村民提高了认识，增强了依法办事的自觉性和主动性。

三 治理绩效

2017年，套子湾村坚持以脱贫攻坚为统领，围绕"典型引路、产业搭桥、比学赶超、富民强村"的目标，深入开展基层服务型党组织建设工作，大力

实施"两个带头人"工程，通过抓教育、重培训，建阵地、夯基础，重帮带、践承诺，抓经济、促发展等措施，形成了农村基层组织建设的新路子。在党建促脱贫工作中，探索创新"带头人＋项目实施、技能培训、资金帮扶、信息共享"的"1594"扶贫模式，即：以村党支部为引领，由党组织带头人、致富能人分别牵头成立了现代农业、休闲农业、现代养殖业、农业机械化、水资源开发利用等 5 个合作社，将全村 94 户精准脱贫户通过土地、贷款等形式入股，纳入合作社管理，采取项目捆绑、集中实施、集体发展、利益分红等办法，带动全村如期实现脱贫摘帽。

第三节 套子湾村美丽村庄建设

2013 年中央提出美丽乡村建设，2014 年宁夏出台《宁夏美丽乡村建设实施方案》，明确提出，到 2020 年全区所有乡（镇）、90% 规划村庄达到美丽乡村建设标准，建成田园美、村庄美、生活美、风尚美的美丽乡村。为了推进美丽乡村建设，宁夏实施"八大工程",即规划引领、农房改造、收入倍增、基础配套、环境整治、生态建设、服务提升、文明创建等八大工程。以环境优美、农民富裕、民风和顺为目标,美丽村庄建设是宁夏为农民办好事实事的重要工作,实施水、电、路、气、房和优美环境"六进农家",稳步推进农村改水、厨、厕、卫工作,加强环村林、绿色通道、农田林网和村镇庭院绿化建设。2016年,自治区加大对中南部山区支持力度,统筹政府基金、政府债券、公共预算资金,高标准建设美丽小城镇20个、美丽村庄100个,并启动宁夏最美乡村评选工作,引领城乡一体化进程。

近年来,西吉县以美丽乡村建设为重点,加强了农村基础设施建设,先后建成了数十个美丽乡村,距离套子湾村不远的龙王坝村,先后荣获"中国最美休闲乡村(2014)""全国生态文化村(2015)""2016中国美丽乡村百佳范例"等多项殊荣。

2016~2017年,套子湾村全村安装太阳能路灯55盏,建立500多平方米的文化活动广场,美化亮化围墙2000多米,村庄绿化栽植苗木3300棵。村里向财政部门申请了环境整治资金175.54万元,对农户房屋及围墙改造粉刷,绘制文化墙。以前,村里仅有一条三四米宽的土路，高高低低，崎岖不平，遇到下雨天，村民出行十分困难。如今，全村整体环境有了改善，村民的居住环境日益优美，一条柏油路贯穿于全村，建好的3座水库，方便周边村民灌溉农地。村里的群众种植芹菜、胡萝卜、菊花等经济作物，收入来源稳定。农民群众生活生产条件明显改善，为当地的农民增产增收和农村和谐发展提供保障。

2019年，全县整合资金4.04亿元，着力改善水、路、居等基础设施，新增自来水入户6278户，普及率达到99.9%。农村新建道路89条370公里，实现全县所有行政村道路全部硬化、村组全面通硬化路或砂砾路。对农村常住户实施危房改造3515户，补齐不达标住房652户，保证农户房屋美化安全。套子湾村与龙王坝村成为吉强镇两个美丽乡村示范点。套子湾村围绕贫困村"五通八有"标准，统筹整合农牧、水利、交通等项目资金，把基础设施建设作为脱贫攻坚的重点，围绕"水、路、绿、居"等瓶颈问题，提升扶贫造血功能。加大危窑危房改造、道路建设、安全饮水、绿化环境、电网改造等工程项目实施，完成180户自来水入户工程，建成村组道路12公里、产业路8公里，改造危房190户，改造电网11公里。

为了打造干净、整洁、优美的人居环境和美丽村庄建设，套子湾村从打造舒适安逸的居住环境入手，动员套子湾村民集中整治家庭卫生，拆旧建新，洗刷墙体、更换瓦脊、绿化庄院，通过改变"小家"面貌优化整体村貌。

第四章

套子湾村的社会事业

第一节　套子湾村的教育

一　义务教育情况

近年来，国家高度重视农村义务教育，加快推动城乡义务教育一体化，尽可能让每个孩子能享有公平、有质量的教育。宁夏着力加强义务教育均衡发展，使城乡、区域之间教育差距不断缩小，乡村学校办学水平有了提升。根据《国务院关于统筹推进县域内城乡义务教育一体化改革发展的若干意见》（国发〔2016〕

40 号），宁夏出台了《关于统筹推进县域内城乡义务教育一体化改革发展的若干意见》，以促进义务教育事业持续健康发展。2018 年，随着西吉、同心、红寺堡 3 县（区）最后一批通过国务院教育督导委员会评估认定，宁夏率先在西部以省为单位实现义务教育基本均衡发展。随着社会经济的发展，农村家庭生活水平日益提高，村民越来越重视子女的教育。西吉县共有小学 208 所，在校小学生 3.9 万人，其中县城有 1.2 万人，农村有 2.7 万人。小学在校生中，进城务工随迁子女有 0.7 万人，占县城在校小学生的 58.3%。可以看出，县城在校小学生中，半数以上学生户籍是农业户口。

套子湾村有一所完全小学。20 世纪 80 年代，学

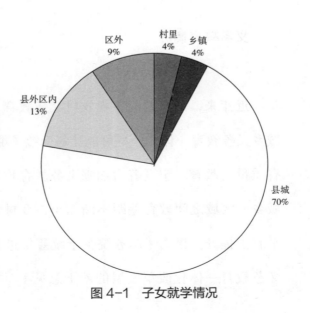

图 4-1　子女就学情况

校最多达 260 多名学生。2011 年学校还有 8 名教师、143 名学生。村民如今经济条件好转，积极为子女提供更好的教育环境，大部分学生到县城或附近中心小学上学。课题组调查的家庭中，79.2% 的子女在公办学校上学，12.5% 在民办学校就学，8.3% 不知道孩子上学类型。子女就学地点比例由高到低依次为县城、县外区内、区外、乡镇、村，在县城上学的最多，达到 70%；在村里或乡镇上学的最少，分别为 4%（见图 4-1）。可见，村里的孩子大多数在本县城上学，父母为了让子女接受更好的教育，甚至让子女到宁夏以外的地方上学。仅有个别家庭受经济、家庭因素的影响，让子女在村（镇）上学。对于子女学校的环境，86.9% 的家长认为学校环境"非常好"和"比较好"，家长们总体上对学校环境比较满意。子女上学的费用主要分为直接费用和间接费用，直接费用包括学费、书本费、住校费、在校伙食费等，间接费用包括交通、校外住宿伙食费、陪读者费用等。调查显示无论是直接费用还是间接费用，半数及以上在"1000元及以下"，在"1001~3000 元"的分别占 23.8% 和 41.7%，在"8000 元以上"的分别占 9.5% 和 8.3%。由此可见，多数家庭子女全年上学的所有费用不足

2000 元。值得一提的是，近一成家庭的子女教育费用上万元。具体见表 4-1。

表 4-1　2016 年套子湾村子女上学的费用占比

单位：%

费用	1000 元及以下	1001~3000 元	3001~5000 元	5001~8000 元	8000 元以上
直接费用	57.1	23.8	4.8	4.8	9.5
间接费用	50.0	41.7	0	0	8.3

资料来源：课题组根据调研数据统计。

2017 年上半年，套子湾村学校剩下 3 位老师和 3 名女学生。这 3 名学生均来自一个家庭，分别上一、四、五年级。由于父母离异，家中四个孩子（一个儿子和三个女儿）和父亲共同生活。儿子是老大，在附近元河中心小学上六年级。元河小学是寄宿学校，有独立、自理能力的学生一般一周回来一次。2017 年下半年，学校两位老师退休，两个姐姐也到元河小学寄宿上学。最小的妹妹年龄小（7 岁），需要家人照顾，父亲不能每天接送上学，因此仍然在村小学上学。如今，这所小学仅有 1 位老师和 1 名学生。

套子湾村中，家里田地多的则在家种地，地少的就外出打工。陪同笔者调研的是村委会妇女主任小张，她有 3 个孩子，年龄分别为 15 岁、14 岁、12 岁，两个大的上初中。孩子上幼儿园时便在县城居住。为了让子女接受更好的教育，全家在县城已租房7年。当时租两间房，一间一年租金2000元，共计4000元。近两年在县城买了120平方米的房子，首付十几万元。她一边在县城食品厂打工一边照顾孩子，工资2500元。丈夫是工地包工头。为了买县城的廉租房，小张和两个儿子转为城镇户口，但由于家里有车，没有办成。他们没有参加养老保险，只参加了医疗保险。党的十九大报告指出，新时代中国特色社会主义，社会主要矛盾已经转化为"人民日益增长的美好生活需要和不平衡不充分的发展之间的矛盾"。这说明随着我们进入新时代，社会发展的不平衡使人们的需求得不到满足。在城乡发展不均衡的情况下，套子湾村的老百姓为了追求美好生活，让子女得到更好的发展，因而带子女到城镇接受更优质的教育。

二 学前教育情况

长期以来，学前教育是我国的教育短板。党的十八大以来，国家高度重视农村学前教育，学前教育有了较快发展，农村的教育公共服务体系逐渐构建起来，使学龄前儿童在家门口接受学前教育。全县新建、改建农村公办幼儿园，实现每个乡镇至少建成一所公办幼儿园的目标。2018年底，西吉县有各类幼儿园（含学前班）202所，学前教育毛入园率为77.7%。套子湾村有子女的家庭，孩子到5岁时大部分被送到县城上幼儿园，有的家庭条件好的4岁就送到县城接受学前教育。2017年秋季新学期开学之际，套子湾村曾经古朴的红砖青瓦的村小学部分房屋已经焕然一新，改建成鲜亮、五颜六色的幼儿园。院子里摆放着孩子们玩耍的滑梯、跳跳床等娱乐设施。据了解，幼儿园是教育系统改建的，临近开学时幼儿园改建工程还未完工，预计下学期招收学生。学校里仅有

图4-2　套子湾村幼儿园正在组织教学活动

一位老师。唯一的学生由于父亲被电打了，还没有来上学。整所学校，只有这位老师坚守在教室里，默默地等待他的学生来上课。隔着窗户看到小学教室里设施依旧，与幼儿园崭新、鲜艳夺目的教室形成鲜明对比。

三　教育扶贫情况

首先，学前教育"一免一补"。2017年，自治区教育厅、财政厅、扶贫开发办公室联合下发了《关于做好学前教育建档立卡家庭经济困难童和残疾儿童"一免一补"资助工作的通知》，从2017年春季学期起，在实施现行学前教育资助政策的基础上，对全区所有经县级以上教育行政部门审批设立的幼儿园在园建档立卡家庭贫困户适龄儿童（含农村非建档立卡贫困户经济困难残疾儿童）实施"一免一补"资助政策，每人每年免除保教费1500元，每人每年补助伙食费标准为900元。

其次，义务教育阶段"三免一补两餐"。2019年，西吉县投入教育资金5.51亿元，实施教育基础项目55个，发放各类教育免补资金2.59亿元，注入教育扶贫基金 56.2 万元，惠及所有建档立卡贫困学生。西吉县义务教育阶段学生免除各类学杂费、教科书、教辅资料，小学、中学阶段的困难学生每人每年享受生活补助分别为 800 元和 1000 元，农村学生每人每天享受 5.6 元的营养改善计划膳食补助。

再次，普通高中"一免一助"。为建档立卡家庭经济困难学生每人每年免学费 800 元，每年享受国家资助 2000 元。

最后，中职教育扶贫。2019 年，西吉县被国务院评为国家级农村职业教育和成人教育示范县。吉强镇累计为就读于中、高职的困难学生发放"雨露计划"资助 545.55 万元，为 728 名困难学生资助 218.4 万元。2017 年 1 月，套子湾村低保家庭子女受到民政部门不同程度的教育救助有 107 人 4650 元，其中，义务教育阶段学生 68 人 1858 元，高中高职学生 29 人 1508 元，大学生 10 人 1284 元。

四 职业培训情况

2017 年，西吉县针对脱贫销号村和建档立卡贫困户，组织各类形式的培训，从而提升村民素质，提高群众的就业创业能力，切实增强贫困人口的内生动能。采取订单、定向、定标培训模式，围绕工程机械、清真餐饮、回乡刺绣、家政服务等职业开展精准培训。为全县劳动力素质提升累计培训 1.9 万人次，其中完成精准脱贫建档立卡家庭劳动力职业技能培训 7424人。对全县驻村第一书记、村支书、村主任进行了 8期培训，培训 830 人次。实施建档立卡家庭劳动力驾驶员培训，其中 C1 驾照补助 2200 元，B2 及以上驾照补助 4000 元，完成培训 1120 人次。吉强镇围绕劳动力素质提升工程，组织建档立卡贫困人口劳动技能培训，2019 年举办工程机械、烹饪、家政等素质提升培训班 12 期，培训 600 人次。27 个新时代农民讲习所共组织讲习 413 场次，累计听课人数 1.52 万人次。

第二节　套子湾村的医疗卫生保障

一　加强健康扶贫工作

宁夏贫困人口中，因病致贫、因病返贫户占

42%。为此，自治区实施各种措施加强健康扶贫工作，以减轻农民负担摆脱贫困。

首先，建立贫困人口动态管理。自治区卫计委先后出台《宁夏回族自治区关于推进健康扶贫若干政策的意见》《宁夏农村贫困住院患者县域内"先诊疗后付费"工作实施方案》等政策，将健康扶贫工作纳入全区卫生计生目标综合考核，建立和完善健康扶贫月统计分析、季督查通报、年考核奖惩等制度。对全区19个县（区）2.2万名因病致贫、因病返贫对象开展入户排查摸底，将因病致（返）贫人员全部录入"全国健康扶贫动态管理系统"。全区贫困人口规范化电子健康档案建档率已达90%，农村建档立卡贫困人口家庭医生签约率75%以上，重点贫困县区贫困人口全覆盖，实行"一对一"健康管理。

其次，医疗服务均等化显著提升。近5年来，宁夏投入19.3亿元，以完善全区尤其是基层医疗服务体系。全区改、扩建60个市、县级医疗机构，完成362个乡镇（社区）医疗卫生机构建设。医疗机构总数达到1891个，增长了10.9%；床位数达到3.6万张，增长了30.79%，每千人口床位数达到5.38张，增长了25.4%；每千人口医师数从2.01人提高到2.53人，每千人口护士数从 1.93 人提高到 2.68 人。

最后，因病致贫返贫问题明显缓解。宁夏全区建立了高效的精准救治体系，分类救治贫困患者 1.2 万人。制定出台各类政策指导性文件，形成"政府主导、部门联动、社会参与、定期督导"的工作机制。建成了健康扶贫"一站式"结算平台，极大方便了贫困患者报销看病费用。按照贫困患者住院费用实际自付比例不超过总费用 10%、当年住院自付费用累计不超过5000 元的目标，将建档立卡贫困患者全部纳入医疗救助范围，切实减轻贫困患者就医负担。

二　基层公共卫生服务有效提升

西吉县吉强镇努力提高卫生服务水平，深化医疗卫生体制改革，完善各村医务室标准化建设，确保人人享有基本医疗卫生服务。完成了统筹城乡居民养老和医疗保险收缴任务，参合率达 95% 以上，有力地解决了困难群众看病难、看病贵的问题。吉强镇卫生院开设"先诊疗后付费"及"一站式服务"窗口，解决病人看病东奔西跑、既费时又费力的问题，让病人更好地及时便捷接受治疗，简化服务流程，有效提高公共卫生服务。通过政府购买服务，建立村级公共卫生考核办法，注重工作的质量和数量，体现了多劳多得、优绩优酬的原则，对村医进行规范化管理，充分发挥了基层健康扶贫作用。创新工作方法，使公共卫生服务能力得以提升。

首先，创新举办进村入户现场工作交流、培训会议。过去每月在镇卫生院召开一次村医例会，如今每月选择两个村卫生室，召集所有村医和卫生院公共卫生专干以及公共卫生服务管理人员，集中到村卫生室和村组进行实地操作讲解培训。各个村医之间交流工作经验和不足，通过相互实地考察学习，取长补短以提升村医的医疗水平。同时，分组入户，以重点患病人群、慢病管理为切入点进行随机抽查进行考核。

其次，将镇卫生院全科医生、医技人员、护理人员组成全科医师团队，经常对 65 岁以上老年人、孕产妇、慢性病管理人群进行门诊预约、进村入户体检、随访、复诊、筛查等动态管理。

最后，将包村医生、村医人员组成签约服务团队，对村重点患病人群、慢性病人群进行建档管理等。在实际工作中全科医生团队和签约服务团队二者组成公共卫生服务的"双保险"。2019 年，完成免费健康检查2134余人、孕前优生检查385对，妇女"两癌"筛查780人次。

三　村医疗卫生服务周到细致

套子湾村有一所村级卫生室，位于村小学对面，60多平方米，由彩钢板房建成，仅有一名医务工作人员Q先生。Q先生今年54岁，中专学历，有两个儿子、两个女儿。儿子们已成家，大女儿在银川打工，小女儿在银川职业技术学校学习中医。孙子4岁。Q先生在套子湾村从医30多年，国家给予Q先生的补贴由最初的每月5元钱提高到1000元。他回顾说，最初的卫生室是国家补助和个人各出资4000元建立的。7年前搬到现在的卫生室工作，由他个人出资1万多元建立。2008年镇上在村支部院子里建了新的卫生室，但是由于房屋漏水至今未搬迁过去。今年吉强镇卫生院对新建的卫生室进行维修，准备搬迁。卫生室有里、外两间，外间设有一张医疗床、档案柜、放药品的冰箱、用于开处方的医疗设备以及接待患者的桌椅，里屋两面墙陈列着药品，虽然药品不多，但排列整齐有序。引人注目的是，外屋墙上张贴着一张巨大的"套子湾村卫生和计划生育工作科学化管理一览表",这是吉强镇卫生院印制的统计表,全镇村医均要求登记、统计。表中有村内人口的基本情况、计划生育、接种疫苗、传染病发病等各类基层医疗服务信息详细情况,清晰明了地记录了2017年每月、每季度医疗服务工作。Q先生每个月中有半个月需要到吉强镇卫生院上班,主要忙于登记、做报表。十多年来,Q先生每年将村级公共卫生服务资料装订成册,册册记录着每天、每月工作的点点滴滴。

2017年,套子湾村卫生室服务辖区人口1550人,建立健康档案1428人份,建档率达92.1%。全村已婚育龄妇女297人,6岁以下儿童102人,卫生室详细记录妇女生育、节育、妇幼保健等基本信息。卫生室的基本公共服务主要包括以下方面:村中65岁以上老年人近110人,4~8月,村卫生室组织老年人健康体检,平均每月体检18人次,健康管理率在16.8%;每年打防疫针有300多人次;健康咨询有200多人次;高血压患者建档74人,规范管理率35.6%;糖尿病和重性精神病患者分别为4人,规范管理率均为100%。2017年1~8月,村卫生室平均每月接待门诊43人次,每月医疗收入1666.7元,药品

图4-3 套子湾村卫生室

收入 1496.1 元，报销金额 1047.2 元，次均费用 34.5 元，收入均交到镇卫生院。

第三节 套子湾村的社会保障与文化生活

一 套子湾村的社会保障

2016 年底，宁夏建档立卡贫困村由 2013 年的 1100 个减少到 551 个，贫困人口从 2011 年的 101.5

万人下降到 41.8 万人，贫困发生率由 25.5% 下降到 11.1%，贫困地区农民人均可支配收入由 2011 年的 4193 元增长到 7505 元，增幅达到 79%，贫困群众生活水平明显提高，贫困地区面貌发生巨大变化。2017 年，宁夏建档立卡贫困患者被全部纳入医疗救助范围，综合实施基本医保、大病保险、医疗救助、商业保险、民政救助、财政兜底等保障措施。一是，宁夏城乡居民大病保险人均筹资水平由 32 元提高至 37 元，普惠性提高大病保险报销水平 5 个百分点。将贫困患者大病保险起付标准由现在的 8100~9500 元下调至 3000 元。同时，在上述普惠性提高基础上，再提高贫困患者大病保险报销比例 5 个百分点，对患有 20 个特殊病种的贫困人口再提高 2 个百分点报销。二是加大医疗救助力度。将贫困患者全部纳入医疗救助范围，重特大疾病年度最高限额由 8 万元提高到 16 万元，并在现行报销政策基础上提高 10 个百分点。三是实行政府兜底保障。在各项医疗保障和救助基础上，政府财政再拿出 5000 万元作为兜底保障资金，弥补贫困人口的看病就医支出。四是提高"扶贫保"保障层次。2017 年对大病补充保险责任进行拓展，取消赔付线，保险金额提高到每人 10 万元。目前，大病保险已累计报销 1914 人，报销金额 478 万元，"扶贫保"报销 1781 人，报销金额 1010 万元。通过这些措施，最终实现贫困患者住院费用实际自付比例不超过总费用 10%、当年住院自付费用累计不超过 5000 元的目标，解决因病致贫、因病返贫问题。五年来，全区基层门（急）诊人次增长 110%、住院人数增长 60%，基本实现了首诊在基层、小病不出乡村。

为深入推进西吉县健康扶贫工程，切实解决农村建档立卡贫困人口因病致贫、因病返贫问题，西吉县在提高大病保障水平、扩大医保药品保障范围、加大医疗救助力度的同时，政府预支 400 万元进行兜底保障，确保贫困患者年度内住院医疗费用实际报销比例不低于 90% 或当年住院自付费用累计不超过 5000 元。2019 年，西吉县健全完善城乡低保、特困供养、孤儿、困难儿童、医疗救助、城乡医疗和临时救助制度，城市低保在现行标准上每人每月再提高 40 元，农村低保每人每年再提高 760 元，儿童福利机构孤弃儿童、社会散居孤儿养育津贴每人每月再提高 200 元。扎实推进健康扶贫工程，贫困人口大病集中救治率达 99.33%，住院报销比例达 91.83%，贫困户家庭医生签约率达到 100%。兜底保障"三类特殊群体"476 户 905 人，新增农村低保 8111 人，享受低保建档立卡贫困人口占农村低保总数的 60%。

吉强镇完善了村卫生室信息化网络建设和镇卫生院远程诊疗系统建设，确保人人享有基本医疗卫生服务。加大对困难群众救助力度，严格实行救灾资金"一卡通"发放政策，认真落实各项支农惠农政策，确保农村转移支付金、生态补偿、粮食直补资金、农村低保资金拨付到位，2019 年全镇共发放民政救助资金 94.68 万元，救助困难群众 1434 人，发放民政救灾资金 88.89 万元，救助受灾群众 1346 人。全镇现有农村低保户 4084 户 6055 人、城镇低保户 2754 户 6231 人、五保户 46 户 46 人、重度残疾人 2088 名、困难残疾人 2093 名、高龄老人 420 人、优抚对象 185 人、孤儿 88 名（其中事实孤儿 83 名、纯孤儿 5 名）。不断完善拥军优属政策，建立镇村（社区）退役军人服务站 35 个，对 1610 名退役军人信息进行了完善，为 1575 户退伍军人、现役军人家庭发放光荣牌。完成民兵整组，加大征兵宣传，对 701 名适龄青年进行了兵役登记，体检政审双合格 32 人，应征入伍 28 人。

2016 年，套子湾村达到贫困村"五通八有"标准，符合脱贫退出条件，被确定为精准脱贫销号村。2017 年，套子湾村 76 户 345 人脱贫，这些家庭中，有 13 位户主长期患有慢性病，占 17.1%；7 位户主是残疾人，占 9.2%；1 位户主患有大病，占 1.3%；其他户主身体健康。2017 年初，全村缴纳医疗保险 1065 人，占全村人数（2016 年 358 户 1430 人）的 74.5%。村里享受国家高龄津贴的老年人、一二级残疾人、个别五保对象为零缴费，其余未缴费的多是未成年人、低保对象等。全村有 248 人享受低保，其中有 25 人是未成年在校学生，占低保人数的 10.1%；24 人是重度残疾人，占低保人数的 9.7%。21 人每月享受国家生活补助 260 元，占低保人数的 8.5%；69 人享受 240 元，占 27.8%；其他人员享受 160 元，占 63.7%，六成以上低保人员每月享受 200 元以下生活补助。

调查对象中非建档立卡户占 45.6%，建档立卡户占 54.4%。对于"政府安排的各种扶贫项目"和"本村贫困户的选择"认为"很合理"和"比较合理"的分别占 39.3%、28.5%，认为"很不合理"和"不太合理"的分别占 17.8%、39.3%，"说不清楚"的均占 17.9%。总体上，村民对政府安排的扶贫项目和贫困

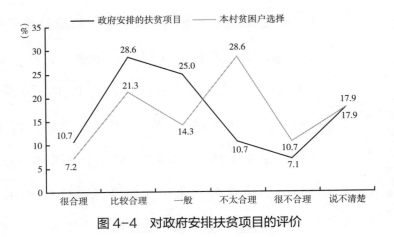

图 4-4　对政府安排扶贫项目的评价

户选择满意度不高，不足四成比例。尤其在贫困户的选择上，有近四成村民认为不合理。

二　套子湾村的文化生活

2015 年，中共中央办公厅、国务院办公厅印发了《关于加快构建现代公共文化服务体系的实施意见》，为了推进贫困地区公共文化服务体系建设，中宣部、新闻出版广电总局、体育总局实施贫困地区百县万村综合文化服务中心示范工程。按照规划部署，自治区在贫困地区每个乡镇选取一个行政村建设一个村综合文化服务中心示范点，按照"七个一"的基本标准进行建设，包括一个文化活动广场，一个文化活动室，一个简易戏台，一个宣传栏，一套文化器材，一套广播器材，一套体育设施器材。2016年，宁南贫困地区扶持建设110个示范村综合文化服务中心、100个示范农民文化大院，在全区扶持150个村示范文化室、文化大院、民间文艺团队。2017年，宁夏中南部9县区又建成606个村综合文化服务中心，实现贫困地区村综合文化服务中心全覆盖，扶持村综合文化服务中心、农民文化大院、民间文艺团队150个。为了进一步推进宁夏乡镇综合文化站标准化建设，补齐贫困地区公共文化设施"短板"，切实保障基层群众基本文化权益，自治区2017年底确定，2018年度资助10个乡镇进行标准化乡镇综合文化站建设。值得关注的是，西吉县兴平乡、吉强镇、白崖乡、新营乡4个综合文化站名列其中。自治区将对每个综合文化站资助60万元，其余资金由各县（区）政府自筹解决。综合文化站建筑面积400平方米，设施功能包括：多功能活动室、图书阅览室、电子阅览室、展览室、培训室、创作室、办公室等。文化站外围配套建设3000平方米文化广场和群众文化舞台一个。乡镇综合文化站的建设，为加快西吉县文化强县建设，促进贫困地区又好又快发展奠定了基础。近年来，西吉县持续推进文化惠民工程，全面推广应用智慧乡村"六朵云"，2019年开展送戏下乡、广场演出等系列文化活动219场次，少数民族传统体育项目《六盘牧羊鞭》荣获第十一届全国少数民族传统体育运动会金奖。

在国家政策的实施部署下，套子湾村在村委会建立了文化大院，设有图书室、卫生室和留守儿童之家等，院内设有精准扶贫、科普教育等宣传栏以及形式多样的健身器材，展现了新时代新农村景象。套子湾村委会积极开展群众喜闻乐见的文化娱乐活动，每年利用元旦、春节等节日举办村文化活动，组织广场舞蹈队表演，进行拔河、象棋等比赛活动，倡导移风易俗、崇尚科学、健康文明的活动，丰富农村业余文化生活。开展"星级文明户""五好家庭""好婆婆""好邻里""脱贫光荣户"等各具特色的活动，使村民在自我教育、自我评价中享受到精神文明建设的成果，从而大大调动了广大村民参与文明村建设的积极性。同时，也将中华传统文化融入美丽乡村建设中，结合人文社区环境、群众聚集区域，将具有文化底蕴特色的文化墙规划在村落主要街道，尤其是在村委会附近的居民房和街道旁边的墙面融入了传统文化元素，白墙黑瓦的文化墙上绘有形式多样的图画，巨大的红色"福"字、排列整齐的红灯笼、活泼可爱的胖娃娃、婀娜多姿的兰花等，一幅幅生动、鲜明、形象的画面，勾画出了文明和谐的新农村面貌。但是，对于"本村或临近有没有文化娱乐或兴趣组织"问题，被调查村民回答"有"的占35.9%，认为"无"的占48.4%，"不清楚"的占15.6%。不足四成村民认为有文化娱乐或兴趣组织，其中30.4%参与过村里组织的文化娱乐活动，说明村民很少参与文化娱乐或兴趣组织。

三 套子湾村的便民服务

自 2010 年开始，吉强镇成立民生服务中心，面向全镇 27 个村（包括套子湾村）3 个居委会 2.4 万户 8.3 万人开展便民服务工作。民生服务中心是基层政府为人民服务的便民窗口，设有社会保障、婚姻登记、社会救助、综合管理等服务平台，主要服务项目有：一卡通中的支农惠农资金补贴、医疗救助、教育培训、计划生育服务、婚育证明、居民社会保险、办理老人证等，民生大厅现代化的办公系统，将全部业务整合在一个平台内，实现农业人口结构、农民收入、政府直补资金信息共享，低保、社保、医保人口的统计数据能够信息化、现代化管理，实现了各类信息资源上下贯通、统筹兼顾，真正为民提供全方位的服务。近年来，吉强镇以创建平安乡镇为目标，实施社会治理工程，深化"平安吉强"建设，有效降低治安案件发生率，切实保障社会和谐稳定、人民安居乐业。通过制定方案，与村责任主体签订责任书，建立镇村两级管控体系，确保了全镇治安稳定。建立健全主要领导坐班接访、包案化解和"联调联动"机制，有效化解了一批信访积案。通过工作重心下移，认真落实村级"联合办公日"制度，变"群众上访"为"干部下访"，对村内的民生需求和重要事项进行集中摸排、分析、帮扶、化解，真正做到"小事不出村、大事不出镇"，既畅通了群众诉求表达渠道，理顺了群众情绪，又密切了干群关系。2019 年，吉强镇扎实推进"七五"普法，深入开展扫黑除恶专项斗争和"群众反映强烈突出问题大排查大化解"专项行动，共摸底排查线索 28 条，办结率 100%；排查化解矛盾纠纷 408 件，办结中央扫黑除恶督导组转交信访件 3 件；县政府办网站和固原市"12345"便民服务热线转办 136 件，已全部办结。以道路交通、食品药品、危险化学品等行业领域为重点，深入开展安全专项整治和隐患排查治理，共排查摸底各领域安全隐患172 次，整改落实 84 项。多渠道进行禁毒宣传教育，组织创建无毒家庭、无毒单位、无毒校园活动，全年累计开展禁毒现场宣传活动 120 场次。

第五章

西吉县套子湾村与同心县王团镇圆枣村
精准扶贫工作的比较

第一节　同心县圆枣村的基本情况和扶贫历程

一　圆枣村基本情况

（一）自然条件

王团镇圆枣村位于吴忠市同心县县城东南部 18 公里处，系 2008 年宁夏回族自治区发改委批复建成的移民新村，以山地为主，干旱少雨，年均降雨量 200 毫米左右，干旱年份不足 150 毫米，年均蒸发量 2325 毫米。

图 5-1　宁夏同心县王团镇圆枣村村部

（二）人口状况

该村村民为 2009 年王团镇白土崾岘村、王海子村、阿布条村、大湾村、倒墩子村等 400 户 1644 人搬迁安置而来，均为回族，现该村常住人口 286 户 1135 人，党员 18 人（女性党员 2 人），村小学 1 所，村部、卫生室等基础设施完善。

（三）经济发展

耕地面积 1800 亩，人均耕地面积少，由于没有灌溉设施、年降水量少，村民种植几乎靠天吃饭，甚至连日常生活饮用水供给也不能满足；没有产业，村

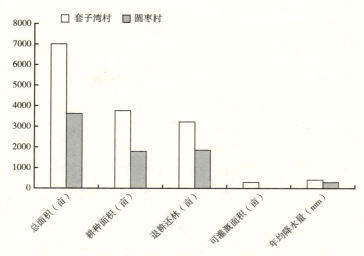

图 5-2　西吉县吉强镇套子湾村与同心县王团镇圆枣村
农业化耕地及年降水情况对比

民以外出务工和养殖业为主要生活收入来源，85%的村民人均年收入低于 2689 元。

（四）贫困概况

目前，圆枣村有精准脱贫建档立卡户 208 户 959 人，占全村人口的 72.7%，贫困面积特别大。与套子湾村贫困人口情况相比较（见图 5-3），圆枣村村民贫困原因如下：缺土地占比 42.3%、缺技术占比 11.53%、缺资金占比 19.23%、因残病占比 1.92%、自身发展不足等占比 17.3%。圆枣村虽因搬迁村民交通、房屋等基础设施建设较为完善，但是由于自然环境等原因，村民生产、生活条件较差，

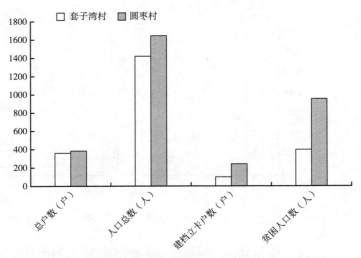

图 5-3　西吉县吉强镇套子湾村与同心县王团镇圆枣村
贫困人口情况对比

甚至村民连生活饮用水都缺，因此，无论是种植业
还是养殖业，由于自然条件差等而发展缓慢，脱贫
任务艰巨。

二　圆枣村的扶贫历程

宁夏扶贫从 1983 年国家"三西"农业建设开
始，特别是到了 1994 年实施国家"八七"扶贫攻坚
计划和宁夏"双百"扶贫攻坚计划，1993 年宁夏回
族自治区 8 个国定贫困县（包括西吉县和同心县）确
定后，至 1999 年宁夏贫困县温饱问题逐步改善。从

2000年起宁夏党委、政府以开发式扶贫为主、兴水治旱、推进农田基本建设，改善农民的基本生产生活条件；同时针对一些自然条件差、经济发展内动力不足等贫困村实施移民搬迁和劳务输出，以缓解贫困村发展的人口压力。

2013年11月习近平总书记首次提出"精准扶贫"重要指示后，国家和地方开始从贫困地区和贫困人口入手，调整扶贫战略。2014年5月，吴忠市同心县王团镇圆枣村和固原市西吉县套子湾村被确立为精准扶贫贫困村。

2008年，王团镇圆枣村是经宁夏回族自治区发改委批复建成的移民新村，由经济基础差、人口压力大的王团镇白土嶙岘村、王海子村、阿布条村、大湾村、倒墩子村400户纯回族的村民生态移民搬迁而来。建村以来，圆枣村在努力改善经济基础差、底子薄发展贫困现状的同时，加强圆枣村基础设施建设，争取政府和社会投资，建成了安溪广场、安溪小学、安溪林、安溪大道，并在村硬化道路上建设绿化带和安装太阳能路灯，建立圆枣村村部、村文化活动室，扶持农民发展母羊、珍珠鸡等养殖业；同时配合自治区、吴忠市劳务输出扶贫战略，每年坚持争取 200~300 人外出务工，以解决现有贫困状态。

第二节　套子湾村与圆枣村扶贫绩效比较

一　两村扶贫情况对比

（一）人口情况对比分析

通过图 5-3 可以看出，两个行政村人口户数基数相近，但圆枣村人口总数、建档立卡户数、贫困人口数量远超套子湾村，说明圆枣村精准脱贫压力很大。

（二）耕种土地情况对比

结合图 5-3，从图 5-2 的耕种情况可以看出，圆枣村致贫原因之一是缺耕种土地情况非常严重，典型的靠天养耕的情况，再加之土地水分年蒸发量远超降水量，圆枣村与套子湾村相比依靠农业产业化脱贫和致富压力更大。

二　吉强镇套子湾村扶贫模式

（一）基础设施扶贫措施

套子湾村在脱贫攻坚以来，整合资源，引进项目和资金，积极改善套子湾村现状，建成村留守儿童和留守老人服务中心 1 处，建成村卫生室 1 所（面积达 46 平方米），基本满足村民日常医疗卫生需求，建成村文化活动室和党员活动室各 1 所，村内道路实现硬化，且基本实现硬化道路家家通，以及相应的绿化带建设和路灯安装基本完善，安全用水设施家家通工程基本完成。目前套子湾村完成自来水安装 180 户，村级道路 12 公里，产业道路 8 公里，改造危房 190 户，电网改造 11 公里。

（二）农业规模化扶贫措施

从 2011 年起套子湾村发展步伐加快，通过整修土地，将原来大量旱地变为水田，并在原有的两座水库基础上，增加和改善建成小二型水库 3 座，极大地满足了农民耕种土地浇灌用水需求，彻底改变了原来靠天吃饭的种植历史。一方面改善了农民种植环境和生产生活模式，另一方面水库的建成，在发展农业经济的同时，促进旅游服务业和养殖业的发展，进一步提高村民农业收入水平。目前套子湾村有马铃薯一级种薯示范点 3200 亩，特色蔬菜种植 1100 亩（其中芹菜 600 亩，胡萝卜 500 亩），万寿菊示范点 200 亩，成立舍饲养殖、设施农业 5 个合作社，通过捆绑模式，将贫困户纳入合作社。同时建成养驴圈社 8000 平方米，养殖肉驴 248 头，养殖牛 126 头，建成日光温室21 栋。

（三）产业扶贫措施

套子湾村利用新建水库实施钓鱼养殖和度假旅游项目，不但提高了套子湾村集体经济收入水平，而且调动了农村闲置自然资源和人力资源，提高农民经济收入。同时套子湾村采用集约化、规模化种植芹菜、马铃薯、胡萝卜、万寿菊等特色种植业发展模式，通过土地托管、流转转移等方式，将集体土地和部分农民土地由社会企业和致富村民代表经营，通过农业产业化发展模式，一方面增加了农民的收入，另一方面使部分农民在企业和致富代表规模化种植的务工过程中，习得农业现代化种植技术和经验，增强农民提高收入的积极性和创新农民农业增收模式。另外，利用互联网+挂靠成立套子湾村农产品网络销售点，改变原有农产品单一的销售模式，不但使套子湾村农产品的生产走向质量化、效益化发展道路，而且使农民经济收益在品牌化的道路上健康持续发展。

（四）其他扶贫措施

据统计，截至 2017 年 6 月，吉强镇套子湾村医疗保险参报人数达到全覆盖，养老保险金缴纳率达到80%。首先，居民看病就医报销率达到 75%，同时根据自治区大病救助和精准扶贫建档立卡户扶贫等政策，西吉县吉强镇套子湾村通过宣传，积极实施妇女因"两癌"救助 1 万元政策以及大病医保政策，减少因病致贫发生概率；其次，实施低保兜底政策，使因残致贫、留守老人和因年老家中严重缺乏劳动力等自身发展不足致贫家庭和人口的基本生活得到保障；最后，针对因缺乏土地致贫，而家中存在年富力强的劳动力或有技术的劳动力的家庭，精准扶贫期间，套子湾村转移出去劳动力 30 户左右，并给予部分家庭100 多平方米的房屋补贴。

三　王团镇圆枣村扶贫模式

（一）基础设施扶贫措施

圆枣村建村以来，积极引进项目和资金，联系外出务工，目前，建设和完善圆枣村基础设施，建成村部小学 1 所，建成村卫生室 1 所，基本满足村民日常医疗卫生需求，建成村文化活动室和党员活动室各 1 处，村内道路基本实现硬化，也基本实现硬化道路家家通，相应的绿化带建设和路灯安装正在逐步完善中，安全用水设施家家通工程基本完成，但是由于贫困面积过大，村民交不起自来水费、不愿意交自来水费等原因，自来水饮用管道成为空置设施。同样因自然降水量小，村民生活饮用水仍靠从几十里外拉水生活，所以绝大多数太阳能洗浴等设施也闲置。

（二）农业产业化扶贫措施

圆枣村农业种植主要作物是马铃薯、玉米、红薯、万寿菊等，但由于自然降水量少，农业种植基本靠天吃饭，村民产业化发展突破难，通过村部捆绑式发展种植产业，在每年种植的农作物丰收时，村民的收入相对提高一些，但种植发展后劲依然不足。进入精准扶贫阶段，为推动圆枣村经济发展，县镇两级人民政府积极引进资金，每年村民种植农作物苗可免费领取。另外，2015 年以来，精准扶贫建档立卡户可分得珍珠鸡苗若干，养殖珍珠鸡成为圆枣村大部分家庭产业之一。

（三）劳动力转移扶贫措施

圆枣村通过积极参与每年自治区、吴忠市、同心县政府相关部门组织的向外省或区内劳动派遣或务工等劳动力转移的方式，一方面提高农民收入，另一方面调动村民劳动积极性，改善现有贫困状态。

图 5-4 圆枣村生态移民家庭

四　套子湾村发展较好的原因

西吉县吉强镇套子湾村与同心县王团镇圆枣村在扶贫过程中因自然、地理、人文等因素不同，两个行政村在脱贫攻坚发展过程中呈现不同发展状态，相较而言，套子湾村在以下方面的优势使其发展前景优越于圆枣村。

（一）人文底蕴深厚

西吉县吉强镇套子湾村建村历史悠久，村干部管理体制和机制相对成熟村集体有较强的凝聚力，国家、自治区、市县相关发展制度政策，尤其是农业扶贫攻坚政策以及红利的贯彻和落实，在"熟人社会"的套子湾村，亲亲相连的农村农民群体"口口相传"、"你拉扯我补贴"、榜样影响及相互效仿等形式落实的过程中扶贫成效显著，脱贫内生动力强。同心县圆枣村至今脱贫压力大，其原因之一是该村是新建行政村，农民均系搬迁而来，对新的村集体建设和发展处于初级摸索阶段；另外，贫困村民占比太大，贫困成了"常理"，村民依赖"被扶贫"，致使圆枣村脱贫攻坚难于套子湾村。

（二）自然资源丰富

西吉县吉强镇套子湾村四面环山，地处山窝，建有三个水库，这是通常行政村所不能拥有的，尤其是固原山区罕有自然水资源，农民耕种土地分为：可灌溉土地、不可灌溉土地；部分经整改后土地又分为：川地、梯田地、山地（目前山地几乎均改造为山林地，农民据此每年领取国家退耕还林相应补贴款）。值得一提的是，套子湾村土地含有丰富的磷肥，是马铃薯、红薯、胡萝卜等农作物喜生长之地，故套子湾村农作物规模化种植、产业化发展具备良好的水、地资源，农民依据自身耕种优势每年获得可观经济收入。相较而言，同心县王团镇圆枣村，农民耕种人均土地面积少，最关键的是水资源严重匮乏，甚至影响到农民饮用水紧张，对于依靠耕种为生的农户而言，直接面临的困境就是靠天吃饭，因此，农户脱贫之路艰难是显而易见的。

（三）交通便利，地理位置优越

西吉县吉强镇套子湾村距离西吉县城近，建村历史悠久，村内有五个小组，各组村道路硬化设施建设完备，户户门前均建成硬化道路，而且每天均有班车通往西吉县，一方面便利了村民与外界信息联通，另一方面便利了农村资源与城市资源交易，例如村民网购、电商交易等。如套子湾村有一个水库开发为水上农家乐体验中心，便利的交通还有利于套子湾村参与西吉县、吉强镇集市交易，不仅给套子湾村带来了财富，而且激发村民走出去、引进来的创富积极性，使村民不再固守农民务农身份，有了技工、包工头、创业者等新的头衔，大大拓宽致富之路。

第三节　套子湾村与圆枣村脱贫攻坚面临的共性与个性问题

一　共性问题

（一）农民自身发展动力不足问题严重

1. 农民扶贫认知存在偏差

调研中发现：农民对精准扶贫政策的认知是：

（1）国家精准扶贫是为农民发钱发物的救助措施，因此，衍生出大量农民主动"要"被扶贫，想办法成为精准扶贫的建档立卡户，甚至有些农民以"贫"为荣，致使基层扶贫工作越做越难；（2）国家精准扶贫是提高农民生活水平的利好措施，因此，几乎农村家家户户要求"危房改造"，重新修建或改建房屋，加墙添瓦，建四合院、门前硬化道路通村公共道路，争取马铃薯等作物免费苗的发放、争取珍珠鸡苗免费发放，与此同时，也带来了农村乡里间因"争取"利益导致邻里关系恶化，农村道德水平严重滑坡。

2. 农民自身定位不准

通过对部分村民访谈，村民对致贫因素认识不足。一方面，不了解精准扶贫政策内涵，主要表现为：（1）不了解精准扶贫政策涉及人群范围；（2）不认识精准扶贫政策中"真贫"内容；（3）不知道精准扶贫政策中，扶贫是"造血"式扶贫，而不是"输血"式扶贫。另一方面，对自身贫困因素认识不准确，主要表现为：（1）精神贫困普遍认为不是贫困，例如，圆枣村村民成人文化教育程度普遍很低，家庭对子女教育不是很重视，且超生现象十分严重，同样，套子湾村精准扶贫建档立卡户家庭成人文化程度低，对子女教育不是很重视，重男轻女导致部分家庭超生；（2）别人有我没有的物质，就是"贫困"，因此，争取贫困物质资金救助成为常态；（3）寻求扶贫或脱贫帮扶定位不准，例如，圆枣村由于超生现象十分严重，家庭劳动力非常少，有劳动力的男性经常外出务工，致使家庭劳动力更缺乏，家庭种植和生活负担由妇女承担，家庭生活压力大。家庭自身发展不足等主要贫困因素往往被忽视，同样，套子湾村许多家庭成年子女外出务工，父母由于年老、疾病等原因，家庭被定为缺乏劳动力的精准扶贫建档立卡户。

3. 农民自我致富内生动力不足

调研访谈中发现：套子湾村和圆枣村村民自我发展致富内生动力不足，主要表现为：（1）不能够从自身实际出发，合理规划致富路径，绝大多数村民致富跟风现象严重，不能够挖掘自身优势资源，往往利用优惠政策和引进项目跟风种植或养殖，如套子湾村目前80%村民种植马铃薯、芹菜、红薯等经济农作物，几乎家家户户养殖珍珠鸡，致使农村种植效益、销售途径等问题严重；（2）贫者恒贫现象严重，调研访谈过程中发现，部分贫困户因自身致富动力不足，长期

精准扶贫精准脱贫百村调研·套子湾村卷

140

不能脱贫。村内"懒汉"现象、"虱子多不怕痒"等不良惯习致使一些贫困户一直处于贫困状态。

（二）精准扶贫发力不精准

1. 扶贫政策操作不精准

精准脱贫政策实施以来，从中央到地方，逐渐改革形成完善申报、检查、扶贫、脱贫专门信息系统，但是实践中，中央政策全覆盖，具体到地方、贫困村形成一刀切，致使精准扶贫政策落实过程中"不精准"现象频发。例如，扶贫补贴物"珍珠鸡"全村家家分派，不管会养不会养、养得活养不活；马铃薯种子家家发，不管你家种不种马铃薯。

2. 贫困类别划分不精细

结合套子湾村和圆枣村贫困类别，以及在相关部门材料中显示：致贫原因有缺劳动力、缺技能、缺资金、缺土地等几种，一些年老人口和年幼人口占比大的贫困户存在多重致贫因素，如对孤寡患病老人、卧床患病老人的照顾，对年幼孩子的顾看和上学陪护等原因导致贫困，对于常年处于以上状态的家庭而言，单一贫困救助远远不够。

（三）城镇化对农村发展带来的硬约束

1. 城镇化致使农村劳动力流失严重

当前，城镇化步伐加快，对于套子湾村和圆枣村来说生活道路交通便利，农村与城市越来越贴近，同时也使农村劳动力流失严重：（1）村民经济收入来源渠道大大拓宽，劳动力市场工资收入相对于农民务农耕种收入而言非常可观，加速农村劳动力向城市转移；（2）从初中至高中（职高）青少年学习生活几乎全部在城市（或城镇）度过，毕业后自然希望在城市工作，致使农村青壮年劳动力流入城市；（3）农村家庭一般从幼儿教育起就搬迁至城市或乡镇就读渐成趋势，小学生到县城或乡镇就读成为常态，父母陪读成为必然，同时造成农村劳动力缺乏。

2. 城镇化催生农村教育等资源闲置和浪费

城镇化步伐加快的同时，两个村的民生设施建设日趋完善，村部小学、村部医务室、村部图书馆、村部活动室、养老院等屋舍建设完备，基于交通便利、城市教育质量远高于农村、劳动力向城市转移严重等原因，农村学校生源少，校舍等资源空置严重，村里其他设备资源利用率也几乎为零，不仅资源空置，而且每年为维护这些设施设备的财政支出也庞大。

3. 农村环境治理困局长久

城镇化极大提高了农村生活水平，但也同时带来了新的环境问题。就套子湾村和圆枣村而言，调研中发现：（1）基于农民的衣食住行不再自产自销，被工业产品大量替代等原因，大量塑料商品包装、化肥、除草剂等工业产品介入农业种植和农村生活，引发土壤污染、水污染等多重污染；（2）村民家庭生活垃圾处理随意，堆放处置现象普遍，绝大多数家庭长年室外随意建造茅厕，严重影响农村环境和面貌。

二　同心县圆枣村面临的个性问题

（一）自然条件不如套子湾村

圆枣村由于历史原因，村民从原住地搬迁来后长期没有耕地，即使有，也是生地，一时无法耕种。圆枣村还缺水，我们在调研过程中发现，人畜饮水一直是圆枣村的一个问题，更不用说用水灌溉发展现代农业。

（二）社会治理较为复杂

圆枣村由几个不同地方的移民组成，社会融入还存在一定的问题。村庄共识还没有形成，在村委会的组成上，村民以原住地为基础，形成不同的派别，影响村庄治理。圆枣村人员成分较为复杂，赌博、盗窃案件时有发生。

（三）圆枣村发展瓶颈多

第一，圆枣村是一个纯回族村，村民擅长养殖业，但受制于资金，普遍规模较小，形不成规模优势，对村民发展带动作用有限。由于是生态移民村庄，事实上除村庄外，周围土地沟渠山地都是原村庄的集体资产，圆枣村没有集体资产。第二，圆枣村村民由于多种原因，在银行征信系统中有相当比例上了黑名单，村民无法从银行获得发展资金，对发展经济影响较大。第三，由于圆枣村发展条件不好，在村子里无法发展，外出打工几乎成为圆枣村村民的不二选择，打工收入占整个家庭收入的比重超过 95%，扶贫产业非常单一。

第六章

套子湾村摆脱贫困：问题、挑战与思考

第一节　套子湾村精准扶贫实践存在的问题

一　数字脱贫与脱贫数字的关系问题

数字脱贫是当前精准扶贫工作中暴露出来的突出问题，在宁夏的精准扶贫实践中也有反应。我们在套子湾村调研过程中对此有切身感受。数字脱贫主要表现为用不实的数字反映脱贫成绩，没有真实反映群众的生活水平和收入状况。数字脱贫反映了干部作风和工作态度不实，也反映了干部对党的事业的责任担当不强和对人民群众的感情不浓，因此，必须严肃看待实际工作中出现的这种现象。产生数字脱贫现象的原因是复杂的，除统计难度大、成本高之外，基层政府为应付检查而形成的上下合谋是产生这种现象的重要原因，实际上也反映了国家治理中存在的一些深层次问题。要解决数字脱贫问题，除强化精准扶贫的制度外，推进国家治理体系与治理能力现代化是一种必然的选择和要求。

二　扶贫与扶志的关系问题

自古至今，关于人的本性的探讨可谓不少，性恶说、性善说、性不恶不善说等，都从不同的角度研究了人性，究其真理性不说，单就这些研究本身就充分说明了人性的复杂性。马克思第一次抛开抽象的人性论，从社会的视角认识人的本质，认为人就其本质而言是社会关系的总和，阐释了社会本身特别是社会实践对人的影响和对人性的塑造。人性虽然有动物性的一面，但成为一个什么样的人，主要还是受社会大的环境特别是制度、规范、文化等因素的约束。马克思主义的人性论，为我们正确认识贫困与道德的关系指明了方向。从人的行为与社会规范的关系看，人的行为一般受三种规范的影响，那就是宗教规范、道德规范和法律规范。越轨行为在不同的时代都会出现，但究其原因是多方面的，有政治的、经济的、文化的，还包括大量个人感情的因素，历史上涉及经济原因的大规模的越轨行为仅限于特殊的环境和时代。这就说明，当人们能够有条件满足基本生活需求时，不愿意做出违反社会基本规范的行为。也就是说，当人们有了基本的生存条件后，经济因素不再是影响道德的决定性因素，经济因素对道德的影响呈递减态势。这就是为什么一些相对落后的地区社会道德风尚不低的原因所在。在现代化的过程中，特别是在资本大潮的侵袭下，随着贫富差距的拉大和商品拜物教的兴起，作为个体的人不同程度的存在马克思所说的异化现象。人具有无穷的欲望，而现实中又不可能完全满足，对物质利益的追求使得人与人的本质彻底决裂，在缺乏有约束力的规范体系、价值体系约束的情况下，社会的道德风尚下降是一个必然的趋势。当一个社会还处于相对封闭条件下时，基本物质生活的满足是社会道德维系的必要条件，但当一个社会日益走向开放、走向现代化的过程中，利益成为人们关注的焦点，制度环境、社会政策、文化传统都有可能对个体的地位、价值、利益产生重大影响进而产生道德问题。在当代中国社会，经过改革开放几十年的发展，即使是在西海固这样的贫困地区，贫困已经不再是产生道德问题的主要因素，对道德问题的检视需要从现存的经济制度、社会政策和文化传统中去寻找。

福利国家面临的最大问题是高福利产生了一系列道德问题。扶贫与扶志的关系问题，实际上也蕴含着什么样的扶贫模式是最为有效的这样一个命题。扶贫投入越大，贫困户收益就越多，但也容易产生道德风险问题，虽然该问题在宁夏不是特别突出，但有些苗头性倾向应引起我们高度重视。据笔者在套子湾村调研，目前套子湾村精准扶贫过程中的道德问题主要表现为：第一，村民等、靠、要思想进一步加剧；第二，大家争当建档立卡户，以贫困为荣；第三，在利益面前亲情关系、邻里关系、干群关系紧张；第四，诚信意识缺失，给金融扶贫、就业带来负面影响；第五，随着国家农村养老政策的完善，加之以户为单位的扶贫政策，导致家庭养老功能弱化，传统孝道出现了一些新问题。勤劳诚信是中华民族的传统美德，也是经济社会发展的重要依托。社会制度的优势就是看谁能够积累经济社会发展所需的巨大社会资本。从这个意义上说，未来的国家和区域竞争，主要取决于社会资本而非其他。重视社会资本的保存与累积，不但是社会政策制定优先考量的方向，也是实现中华民族伟大复兴和发展宁夏经济的先决条件。社会资本存在于社会结构之中，是无形的，它通过人与人之间的合作进而提高社会的效率和社会整合度。实际上，对一个社会而言，诚信、法治、勤勉、友爱、包容等无疑构成一个社会最大的社会资本。社会资本看似与经济发展无关，但实际上是经济发展的基础，对一个社会的社会资本的考察，构成我们判断一个社会是否健康的重要面向。美国著名学者弗朗西斯·福山在《信任：社会美德与创造经济繁荣》一书中指出："社会资本很低的国家不仅容易导致弱小且缺乏效率的公司，而且将深受政府官员腐败横生和公共管理效率低下之苦。"社会资本"它更容易被政府行为所破坏，一旦消亡，很难通过政府把它重建起来"。[1] 制度的优势不再是纯理论的说教或暂时的经济、军事实力的比拼，而是看谁能够积累巨大的社会资本。从这个意

① 〔美〕弗朗西斯·福山：《信任：社会美德与创造经济繁荣》，郭华译，广西师范大学出版社，2016。

第六章 ——
套子湾村摆脱贫困：问题、挑战与思考

义上说，未来的国际竞争，主要取决于社会资本而非其他。如果因为精准扶贫政策出现社会资本流失现象，不应该一味指责群众素质低下，而首先应该反思我们的社会政策和治理结构。建立政府主导下多元主体扶贫协作机制，统筹行政的、市场的、社会的资源和方式参与扶贫工作，对社会政策可能产生的道德风险进行评估、激发群众发展创业的内生动力，对防止此类道德问题尤为重要。

三　扶贫与帮富的关系问题

扶贫作为一项政治任务，帮助困难群众脱贫、提高困难群众生活水平是其必然要求。作为政治任务，在扶贫工作中要求识别精准、帮扶精准、资金投放精准、产业规划精准等。但我们调研发现，精准扶贫的实施过程遵循的是市场逻辑。从资金的效益、安全和可持续出发，大量的扶贫资金最终投向的不是建档立卡户，而是一些企业、专业合作社和致富带头人，导致所谓精英俘获现象发生。政治逻辑要求精准扶贫，要求公平、公正，市场逻辑却导致"垒大户"。资本的逻辑是有钱者越有钱，所以，扶贫工作中最大的受益者往往可能不是建档立卡贫困户，而是一些扶贫企业和乡村精英。我们不否认在市场化运作的过程中，建档立卡户也不同程度得到实惠，但同企业和精英的收益相比，建档立卡户的收益显得微不足道。国家的扶贫资金和贴息贷款是为了帮助有需要的贫困户，实际的结果却出现了"精准帮富"的现象，一些企业和致富带头人成为精准扶贫的最大受益者，这一悖论可能是我们没有想到的，也是需要引起我们深入思考和高度关注的问题。从企业和经济组织参与扶贫工作看，他们的行为虽然也是一种市场行为，获利是必然要求，但在企业发展中，最大限度享受国家各种优惠政策，其性质也并非完全市场化，对其参与扶贫的动机和收益的分配进行一些规制是必要的。相关部门应对参与扶贫的企业、专业合作社做出明确的约定和规范，减少纯市场化带来的风险与挑战。如果放任市场逻辑横行，只会扩大贫富差距，与精准扶贫的目标设计将会越来越远。

四 政府扶贫与社会帮扶的关系问题

长期以来，贫困问题被认为是一个道德问题，也就是说，政府并不负有解决贫困问题的责任。随着近代以来社会发展，导致贫困的制度因素被深刻地揭示了出来，政府的扶贫责任被提上了议事日程。但西方国家在扶贫工作中，一般采用社会导向的扶贫模式，政府并不直接参与扶贫工作，而是将扶贫工作交给社会组织去实施。我国作为社会主义国家，让人民群众摆脱贫困是政府义不容辞的义务，是社会主义的本质要求，我国的扶贫模式采用政府主导型有其必然性。但政府主导并不等于政府垄断扶贫工作，积极吸纳社会组织、慈善组织参与扶贫工作，可以作为政府扶贫的有力补充。要实现扶贫方式由政府主导向社会主导的方向转变，强化扶贫工作的专业化，发挥专业组织在扶贫工作中的重要作用，推进国家治理体系和治理能力现代化。扶贫工作是政府的主要工作之一，但政府发挥作用的方式是直接参与还是提供服务，其结果有明显的不同。扶贫工作，看似简单，实际上是一项非常复杂的工作，在国外一般都是政府委托专业的机构和社会组织来实施。我们在套子湾村调研中发现，政府几乎垄断了扶贫工作，非专业化操作、运动式推进、短期化行为构成政府扶贫工作的主要特征，这种治理结构，在解决贫困问题的同时，又在不断形成新的问题。参与性不足是精准扶贫工作面临的主要问题之一，农民看似全程参与，但基本上是被动参与，主动参与的积极性并不高，社会专业组织参与扶贫也没有被提上议事日程。在我国，扶贫工作实现由政府主导向社会主导的转变，还有很长的路要走，但社会化、专业化的方向必须要坚持，有条件的地方，要开展试点，推进这项工作向前发展。社会组织扶贫的最大价值在于在现行体制下，探索一条扶贫的新路径，增强扶贫的绩效和贫困户可持续发展的能力。从我们在宁夏了解的情况看，目前的精准扶贫工作，社会参与的力度普遍不大。从全国总体来看，南方比北方要好一些。从我们在区内包括西吉县的调研情况看，社会组织参与度明显不足，政府单打独斗态势明显，说明宁夏社会组织发育水平还有待提高，也反映出各级政府思想观念还存在一些问题，对这方面的工作认识不足、措施不力。

除社会组织参与扶贫外，我国扶贫工作的制度优势还体现在单位帮扶上，它既是一种扶贫机制创新，也体现了社会主义的一方有难、八方支援的优越性，是政府扶贫的重要组成部分。由于不同单位掌握的资源禀赋有差异，在实际帮扶过程中就有可能产生较大的区别，从而使得弱势单位在帮扶中面临较大的压力，甚至被认为是帮扶不力。课题组在调研中发现，有些单位资源相对富集，动辄可以拿出几百万扶贫资金，而有些单位特别是一些事业单位，经费紧张且受财政制度的约束，不可能拿出较多的资金用于扶贫，也无能力协调相关单位给帮扶村庄解决一些实际问题，扶贫压力较大。调研中我们还发现，单位帮扶评价制度"物化"现象较为突出，以投入多少来衡量扶贫工作业绩成为基层政府的习惯认识。规范单位帮扶制度，明确单位帮扶的内容、范围、资金来源和用途，规制帮扶单位的帮扶行为，防止单位帮扶演化为另一种政绩工程，减少单位帮扶中因单位禀赋差异带来的消极影响，克服个别单位对扶贫工作不作为、慢作为、乱作为，是宁夏精准扶贫工作必须关注和解决的重要问题。

五　扶贫资金市场化运作的法律风险问题

按照精准扶贫的要求，扶贫资金精准投放是其中的重要一环，扶贫资金精准投放到建档立卡户和困难家庭，作为一项政治任务而言应该说问题不大。但在资金使用环节，我们发现，各地的情况有所不同。从效率和安全出发，西吉县基本遵循一种市场化的路径，使资金向资本转变。建档立卡户拿到扶贫资金后（实际上村民只是履行了借贷手续，并没有实际见到现金），一般是通过两种形式进行资本运作：一种是股权制的模式，群众将贷款作为股金投入企业或合作社，然后定期获得股金收益；另一种是分贷统还模式，群众将各自的贷款交于村上的致富带头人，由致富带头人统一使用归还贷款，村民获取定额报酬。这两种模式对提高贷款使用效率，提高建档立卡户收入和保障扶贫资金安全有一定的作用。但这两种模式都存在一定的法律风险。银行将贷款发放到建档立卡户，建档立卡户又将资金作为资本入股企业或合作社，或交给致富带头人。在股权制模式中，银行和建档立卡户是借贷合同关系，建档立卡户和企业、合作社是股东关系，银行和企业、合作社从法律上看没有关系。现实中一般约定贷款最终由企业与合作社偿还，但这种约定不能对抗第三人，建档立卡户要免除还款义务，需经过银行同意。但现实中基本没有签订相关的三方协议，建档立卡户的法律风险在于自己没有具体使用资金，但有可能承担相应的法律责任；在分贷统还模式中，建档立卡户将资金交给致富带头人，实际上是建立了另一种借贷关系，借贷资金如灭失，建档立卡户对银行仍然要承担法律责任。而对企业、专业合作社和致富带头人而言，扶贫资金的财政性又让它们独自承担市场风险。在当前的扶贫资金运作模式下，扶贫资金的财政专项性与市场化运作存在一定的张力。所以，规范扶贫资金的运营模式，完善扶贫贷款的协议文本，制定银行、建档立卡户、资金使用者三方协议，让资金实际使用者承担还款义务，对减轻建档立卡户的法律责任、维护社会公平正义和稳定和谐都有着重要的意义。

按照宁夏"十三五脱贫攻坚规划"要求，全区精准扶贫的阶段性任务即将完成，如何巩固扶贫成果，保持可持续发展的势头，是我们当前应高度关注的问题。我们认为，激发困难群众发展的内生动力，扎实做好扶贫产业，应是下阶段扶贫工作的重心，两者互相支撑，相得益彰。困难群众内生动力的激活，是一项重要的社会系统工程，除物质激励外，也需要做好大量的社会工作，营造有利于发展、干事、创业、勤劳致富的良好社会氛围。由此，实现脱贫工作由收入导向向经济、社会协同发展，更加重视社会建设，特别是社会资本积累的方向转变，将是下一阶段宁夏扶贫工作的发展方向。

第二节　套子湾村精准脱贫实践面临的挑战

为完成本课题的调研，我们先后多次深入套子湾村，走家串户，对村"两委"班子成员、建档立卡户、普通群众进行多次访谈，可以说，对套子湾精准扶贫的成绩和存在的问题都有了较为深入的认识。与宁夏乃至全国一样，西吉县套子湾村在精准扶贫实践过程中，在取得巨大成绩的同时，也存在许多问题，有些问题是当前农村普遍存在的，有些问题则是套子湾所独有的，具有一定的典型意义。

一　精英离乡是制约套子湾村精准扶贫可持续发展的重要因素

精准扶贫工作不但是一项经济工作，也是一项政治工作和社会治理工程。历史唯物主义告诉我们，人是推动经济社会发展的根本动力，人类社会的一切发展，皆源于人的实践活动。随着城镇化进程的加速，农村的发展面临严重的人才瓶颈，实际上，城镇化从某种意义上讲就是人口向城市聚集的过程。根据一些社会史的研究，虽然精英向城市流动早在清末就已经开始，并随着近代工业的发展加速流动，但新中国成立后形成的城乡二元结构、改革开放以来的高考制度和人口流动政策的放宽，使得大量农村精英人才流向城市。党的十八大以来，我国城镇化明显加速，大量资源包括人口向城市聚集趋势明显，在城镇化背景下开展精准扶贫工作，发展乡村经济，人才就成为重要的制约因素。我们在套子湾村调研过程中发现，距离西吉县城较近，既是套子湾的发展优势，同时也是影响人才留村的短板。大量的有能力的人都在县城工作，有的从事商品买卖，有的从事餐饮，有的从事建筑施工，有的直接在各地打工，也有一些年轻人常年在外地打工，只有春节期间才会回来看看老人。许多妇女由于孩子在县城上学，她们到县城陪读，事实上也逐渐脱离村庄。村委会的干部，据我们了解，也大多在县城有生意，平时工作生活在县城，村上有事或逢年过节才会回村上。留居在村上的大多是年龄较大的老人和学龄前儿童，村上的地除流转出去的外，基本上都是这些老人在经营，采用的还是传统的耕作方式，主要目的是解决一年全家的吃饭口粮问题。房前屋后有空地的，勤快的人家也种一些蔬菜，除自用外，如有多余，也会拿到县城出售，以补贴家用。人才短缺，有本事的人都想离开农村，对精准扶贫和乡村振兴的影响是多方面的，村庄经济发展需要能人，村庄治理需要能人、基层组织建设需要能人，能人稀缺成为影响精准扶贫持续发展的最大制约因素。如果我们把精准扶贫不是单纯看作一项经济工作，而是把它看作一场深刻的社会变革和治理革命，农村的人才短缺问题就更加凸显，这也是国家鼓励大学生担任村官的一个重要原因。

二 套子湾村的精英俘获现象及其检视

按照扶贫政策设计的既定逻辑，扶贫资源应该向贫困人口和贫困村倾斜，但在具体实践操作中，"扶贫表达与扶贫实践"存在一定的背离现象。一旦一个村庄被县上列为示范村，一个人被确定为致富带头人等称号，便可以获得较多的扶贫资源，导致实践中出现"扶富不扶贫、扶强不扶弱"的现象。张某兵作为套子湾村的当家人，多年的经商使他积累了一定的经济实力和人脉资源，在精准扶贫过程中，套子湾村原党支部书记张某兵为了获取县上的支持，通过各种方式，使得套子湾村成为西吉县精准扶贫示范村，仅此项每年可以获得100多万元的扶贫资金，自己也成为全县确定的致富带头人，一时间各种光环如约而至，参观学习者络绎不绝。2016年，多年积累的矛盾突然爆发，群众向有关部门反映了张某兵的经济问题，经有关部门查证后，免去了张某兵套子湾村党支部书记职务，从此，套子湾结束了长达十多年的张某兵时代，进入了一个权威缺失的新时期。在精准扶贫过程中，一些参与扶贫的企业也存在精英俘获现象。扶贫资金看似到了贫困户的名下，但为了保证资金使用的"安全"，当地政府把扶贫资金实际上是投给了一些扶贫企业和合作社。以套子湾村为例，张某兵下台后，套子湾村的养驴合作社经营面临困难，数百头驴面临饲料短缺的困难，群众分红也没有着落。为了解决困难，西吉县政府引进了宁夏喆强农林科技有限公司接手养驴合作社所属钢架结构养驴棚3个，建筑面积7000平方米，共有驴240多头。套子湾村建设的钢架结构日光温棚 22 栋，12600 平方米，由于经营不善，也交给喆强公司统一经营。政府此前补贴村民和村集体的项目资金，大量的又流入企业，使得许多参与精准扶贫的企业获得较大的利益。精准扶贫过程中出现的精英俘获现象，单从扶贫政策上寻找原因是远远不够的，治理模式、社会结构、地方权力、关系网络在其中都扮演了非常重要的角色。看似小小的村庄，其实也是一个大社会，要把握村庄政治运行的逻辑，需要做深入的调查研究。

三　套子湾村建档立卡户的确定及其道德问题

习近平总书记多次讲到，精准扶贫贵在精准，要从大水漫灌发展为精准滴灌。精准认定、精准施策、精准帮扶是精准扶贫的应有之义。但在地方实践中，精准扶贫存在不精准的问题，并由此产生了许多道德问题。通过我们在套子湾村的走访调研，在同村民拉家常的过程中我们了解到，一般而言，一个村庄的面积都不大，村民之间都非常熟，是典型的熟人社会。一个村子里谁家困难，谁家富裕，大家心里都非常清楚。但问题是，当建档立卡户的数量远超村民心里的贫困户数目时，在家庭收入同质化程度较高的农村，要区分谁家比谁家富裕，谁家应该进建档立卡户，谁家不应该进建档立卡户就变成一个十分复杂的问题，权力、关系甚至人情的参与是无法避免的。因此，建档立卡户的选择与确认，不但会引发一系列矛盾和冲突，也会引发一系列道德问题。在入户调研中，我们经常会听到没有进入建档立卡户的人家多有抱怨，认为是乡镇村干部徇私枉法，某某人家有关系导致自己没有进入建档立卡户。实际上，从我们掌握的情况看，乡镇村干部在建档立卡户的准入问题上相对而言还是比较公允的，要准确认定大致差不多的两个家庭谁更贫困，在技术上也是不容易做到的。传统农民的保守性格以及多年同政府打交道过程中形成的狡黠，更是增加了摸排的难度。调研中村干部告诉我们，如果在村里要弄清楚谁家一年收入多少，不找几个关系好的人家去问，一般是不会得到准确数据的。他们还对我们在第三方评估中的一些做法比如让大学生进户询问农民收入表达了一种不屑，认为那纯粹是走过场。事实上，为了减少矛盾平衡某种利益，村干部也会想很多办法，解决村民心里的不平衡问题。我们在走访一家非建档立卡户时，在交谈中获知他家有人享受低保待遇，回来和村干部说起此事，村干部告诉我们，给他家一人低保，就是有照顾平衡的意思在里面。

四 套子湾村产业扶贫中的观念误区

产业扶贫是精准扶贫可持续的基础，做好产业扶贫工作，对精准扶贫、精准脱贫意义重大。在当前的精准扶贫工作中，如何依据本地禀赋，选好扶贫产业，是各级政府在精准扶贫过程中一直在思考并逐渐探索解决的一个重要问题。虽然在政策层面可以提出一县一品、一镇（乡）一品、一村一品甚至一户一品，但在实际操作过程中，要做到特色鲜明十分困难，扶贫产业同质化问题仍然较为突出。套子湾村有两大产业，养殖业（主要是养驴）和种植业（主要是温棚种植），从发展的思路看，路子是对的，但忽略了上述产业不但需要资金，也需要技术和管理，正是技术和管理能力的不足，导致了套子湾村产业发展的失败，最后不得不将产业交由专业扶贫企业经营。以套子湾村自建的 22 栋温棚为例，当时设想建成后全部承包给建档立卡户，每年收取一定数额的承包费，既增加了村集体的收入，也解决了建档立卡户的脱贫问题。想法不错，但现实非常骨感，温棚经营效益普遍不好，与预期差距明显，最后不得不将温棚全部交于喆强农业科技公司经营。我们在调研中曾专门到建档立卡户承包的蔬菜温棚调研，看到的情况确实不容乐观。现在看来，套子湾村的问题在于在发展产业过程中，在观念上存在误区，以为只要有投入，就会有产出，忽视了其他生产要素特别是人的素质和能力的作用。温棚种植是现代农业，除需要承包人有吃苦精神外，也需要承包人具备一定的农业技术知识和现代市场观念，而这些，正是习惯传统农业的建档立卡户所缺少的，将温棚承包给建档立卡户，事实证明是错误的决策，尽管当时看来多么合理，多么符合政策规定。

五 套子湾基层组织建设的困惑

加强村级基层组织建设是精准扶贫工作的重要一环，通过强化村级领导，让村级组织成为群众致富的带头人，彻底改变农村社会的治理格局。套子湾村多年来由张某兵担任村支书，在套子湾村的权力结构中，张某兵一直处于核心地位，长期以来没有人能够挑战他的权威。套子湾村有党员35名，其中60岁以上占40%，妇女党员占20%。从数量结构看，在村级组织中还是比较合理的。2016年底，张某兵因故卸任村支书后，套子湾村陷入无人担任村支书的困境。虽然党员人数不少，但符合条件、能够带领大家发展的党员却没有一个。在我们调研期间，套子湾只建立了村委会班子，村支部书记由驻村第一书记兼任，后期又由大学生村官担任村支部书记。套子湾村主任刘某恒被组织看准，准备让他以后接任村支书，但刘某恒还不是党员，正积极申请加入党组织。从套子湾村基层组织建设现状看，多年来对张某兵的个人能力的过度依赖，使得党的基层组织放松了对人才的培养。张某兵对村集体权力的长期独占，也使得许多有能力的年轻人无法在村里实现自己的人生价值，外出打工或许成为他们一种无奈的选择。

六　套子湾村后精准扶贫时代的担忧

按照《宁夏回族自治区"十三五"脱贫攻坚规划》要求，到2020年，全区9个贫困县（区）农民人均可支配收入达到 1 万元以上，增长幅度高于全区平均水平，基本公共服务领域主要指标达到或接近全国平均水平，稳定实现贫困人口不愁吃、不愁穿、不愁冬季取暖，保障义务教育、基本医疗、住房安全、饮水安全，确保 58.12 万农村建档立卡户全部脱贫，800 个贫困村全部销号，9 个贫困县（区）全部摘帽，贫困村、贫困县（区）贫困发生率均下降到 3% 以内。距离 2020 年还有短短的两年多时间，实现 2020 年的发展目标应该问题不大，问题是 2020 年以后怎么办。如果 2020 年以后扶贫政策结束，政府停止资金投入，大量扶贫企业离开农村，农民的收入就会失去保障。如果企业继续留在农村，失去政策补贴的企业盈利能力是否可以保障村民和企业自身的利益，失去劳动能力的人口可以通过社保兜底解决贫困问题，如果贫困面扩容，出现大量新的贫困人口怎么办。这些问题，都是后精准扶贫时代需要思考的现实问题。我们再回到套子湾村。套子湾产业发展缺少内生动力，对政府和扶贫企业依赖度高，随着 2020 年的到来，政策的变化和企业撤离或经营不善会给套子湾村产业发展造成重大影响，直接影响村民的收入，牵涉到精准扶贫成果的可持续性。包括政府在内的外部力量对解决套子湾村发展有重要作用，但要长期发展，可能还需要依靠套子湾村的自身力量和内在发展动力，培养新型农民和市场主体，培育适合套子湾村实际的新的经济增长点，从现在开始着手，实现与后精准扶贫时代的无缝衔接。只有未雨绸缪，才能防患于未然。

第三节　对套子湾村精准扶贫的思考与建议

套子湾村很小，从某种意义上看，可能并不具有典型性和代表性，从某种意义上讲，它可能只是我国千万个村庄在现代化浪潮中的发展缩影。但与此同时，我们也看到，套子湾村也具有鲜明的特色，有着自己独特的禀赋以及生长于其上的强烈个性色彩，就像西吉的马铃薯一样，生长在黄土坡上，可以歉收，但绝对不会绝收，生命的力量在套子湾村得到了彰显。短短数十天的调研，就要对套子湾村的发展指手画脚，说上点什么，觉得可能有些唐突和不敬。马克思曾说，哲学家以不同方式解释世界，问题是如何改造世界。习近平总书记在 2016 年 5 月举行的哲学社会科学工作座谈会上指出，当代中国特色社会主义建设，为中国特色哲学社会科学研究提供了广阔的舞台，"这是一个需要理论而且一定能够产生理论的时代，这是一个需要思想而且一定能够产生思想的年代，我们不能辜负这个时代"。作为哲学社会科学工作者，通过调研发现问题，提出解决问题的办法，不武断，不绝对，既是在履行自己的职责，也是对社会的责任与担当。在套子湾村的调研中，我们深刻感受到，套子湾村面临的问题，同宁夏乃至全国农村相比，既有共性的一面，也有个性的一面。共同性问题与差异性问题构成我们考察套子湾村的两个重要视角。所以，对套子湾村发展的政策建议也必然存在普遍性对策与特殊性对策。

一　大力实施人才返乡战略

在城镇化背景下，人力资源短缺和精英流失是套子湾村发展面临的最大瓶颈；吸引人才回乡创业是套子湾村可持续发展的必然要求。农村发展的核心要素是人，特别是高层次人才，要留得住乡愁，关键也在人。在城镇化背景下，人力资源往城市聚集是发展趋势，老弱病残、"386199部队"（妇女儿童老人）是对农村人力资源现状的形象描述。古代的乡贤文化是依靠宗法制、科举制度和各级官员退休返乡养老制度支撑的。中华人民共和国成立后，在国家建设中形成的城乡社会二元结构格局使得优秀人才通过各种方式跳出农门，走向城市。改革开放后，高考制度恢复，农民工外出打工，推动大量人才离开农村，往城市聚集。由于城乡发展不平衡，特别是在公共资源配置方面差距较大，城乡差距客观存在，短时间内无法形成人才回流态势，致使农村长期以来人才断档突出，"空心化"现象严重。能人稀缺导致农村经济内生发展动力不足，乡贤缺乏致使传统文化流失严重，乡村自治能力不足，农村黑恶势力、恶习恶俗沉渣泛起，社会治理问题突出。吸引人才下乡，留住各类人才在乡村创业兴业居住，是实施精准扶贫必须要做好的一项重要工作。上述情况在套子湾村也不同程度存在，村"两委"班子在张某兵出事以后一时选举不出来，就从一个层面反映了套子湾村人才流失的现状。

二 夯实扶贫产业是农民摆脱贫困的基础工程

在扶贫产业同质性程度很高的情况下，选择符合套子湾村实际的产业是一件非常困难的事，马铃薯产业是西吉县的支柱产业，也是套子湾村农民收入的主要来源。进一步做好马铃薯产业，在延长产业链、提高产品质量上下功夫，应该是套子湾村坚持不懈的发展方向。与此同时，在国家大力加强生态建设的背景下，利用靠近西吉县城的优势，又有水库，在普遍缺水的西吉县可谓得天独厚，发展生态休闲农业和生态林业，打造休闲旅游区，应该是套子湾产业发展的重点方向。目前，套子湾村生态农业已经有比较好的基础，建有 22 座优质温棚，村庄周边发展林果经济条件优越，农民又有种植果园的传统和技术，如果形成发展规模，将会带动休闲旅游快速发展，是套子湾村农民实现增收的重要路径。

三 明确精准扶贫中政府与农民的责任边界

正确处理扶贫工作中政府帮扶与农民自我发展的关系，加强对农民技能培训和市场意识的培养，加大信息技术和互联网技术的应用，培养新时代的新型农民，通过武装农民头脑实现由"输血型"扶贫向"造血型"发展转变。在精准扶贫过程中，政府扶贫压力很大，层层传导，但我们在调研中发现，这种压力并没有在套子湾村村民身上感受到，在同他们访谈聊天的过程中，只有不满和对扶贫工作不公平的意见，几乎没有从自身角度去反思和考虑问题的。农民是扶贫的主体，只有调动广大农民的积极性，扶贫工作才能取得实效。从我们在套子湾村了解的情况看，农民缺少致富技能，互联网知识不普及，电商知识不足，导致无法利用信息市场，产品主要依赖本地市场，销量有限，影响农民收入和积极性。加大对农民的技能培训、信息化训练和市场意识培养，使农民系统掌握农林科技知识，学会利用信息技术发展生产，是农民摆脱贫困的基础性工程。

四 积累社会资本是套子湾村摆脱贫困的希望

以自治、法治、德治建设提升和积累套子湾村的社会资本，为套子湾发展注入强大精神动力。随着城镇化的加速，农村空心化现象严重，随着人才的流失和治理的弱化，农村的社会治理问题日渐突出，赌博、买卖婚姻等社会丑恶现象在农村较为普遍，随着精准扶贫的推进，在解决部分困难群众生活困难的同时，也不同程度使得一些群众对党和政府产生了依赖心理，以贫穷为荣的观念有抬头的现象，诚信意识、法治观念日渐淡漠，自治能力下降，使得农村社会资本流失现象日益严重。2017 年，在深度贫困地区脱贫攻坚座谈会上，习近平总书记指出，要加大内生动力培育的力度。没有内在动力，仅靠外部帮扶，帮扶再多，你不愿意"飞"，也不能从根本上解决问题。"靠着墙根晒太阳，等着别人送小康"是当前农村一部分村民的典型写照。上述现象在套子湾村不同程度都存在。在加大经济扶贫力度的同时，通过政策引导和制度规范，形成套子湾村自治、法治、德治相结合的治理格局，构建良好的社会生态，形成健康向上的村容村貌，筑牢诚信的社会意识，是解决套子湾发展问题的重要举措。

五　进一步加大基础设施投资，改善人居环境

加强套子湾村基础设施建设和环境整治，为套子

湾村发展创造基础条件。近年来，在当地政府的帮扶下，套子湾村基础设施建设有了较为明显的改善，各村民小组之间基本都有水泥路相连，家家基本用上自来水，但从我们调研情况看，还存在明显的短板。调研中我们发现，乡村环境整治任务还很重，村中垃圾处理设施为零，村民基本上在房前屋后或山沟里倾倒垃圾，风一吹，垃圾到处乱飞，严重影响村容村貌，村民对此习以为常。村民家的厕所都是旱厕，且设施简陋，有些家庭的厕所就设在路边，影响公共卫生。公共服务特别是公共文化服务严重滞后，村民精神生活单调，无法满足需要。所以，大力加强套子湾村基础设施建设，实施厕所革命，整治村容村貌，使得优质公共文化资源下沉，不但是套子湾村经济发展的需要，也是村民对高质量精神文化生活的期盼，更是乡村振兴的基础性工程。

六　做好精准扶贫工作与乡村振兴战略实施有效衔接

加强制度供给，做好精准扶贫与乡村振兴战略的对接工作。党的十九大报告中提出乡村振兴战略，2018 年 3 月，在政府工作报告中，李克强总理提出要实施乡村振兴战略，为乡村发展提供了新的发展机遇。精准扶贫如何对接乡村振兴，是值得我们研究的重要问题，充分利用乡村振兴的政策红利，夯实精准扶贫的基础，是包括套子湾村在内的许多农村需要关注和研究的大问题。农村发展不足，不单纯是农民素质问题，制度供给不足是制约农村发展的制度障碍。制定基本公共服务城乡均衡发展政策，做好基础设施建设，改善供水、供电、信息等基础设施，改善农村人居环境，推进"厕所革命"。推进优质医疗、教育、文化资源下沉，解决群众看病难、上学难，特别是享受高质量医疗教育资源难的问题。制定产业扶持政策，鼓励经济精英在农村兴业创业，以产业留人。鼓励在农村建立高水平养老机构，吸引城市人口到农村养老，推动农村养老产业发展，以养老留人。制定农村生态保护政策，推行生态环境损害赔偿制度，完善生态补偿机制，以优美的环境吸引城市人口旅游观光，增加农民收入，以生态环境留人。制定乡村引才政策，鼓励各类人才回乡创业或养老，增强农村发展内生动力，发挥新一代乡贤的作用，推进乡村自治、法治、德治水平，以"乡愁"留人。2018年政府工作报告中，李克强总理提出要探索农村宅基地所有权、资格权、使用权分置改革。报告第一次提出"资格权"的概念。什么是资格权，其内涵是什么，如何使用？需要有关部门尽快予以解释并加快制定配套改革政策，为乡村振兴提供制度支撑。套子湾村地理位置和自然条件都较为优越，如果政策到位，能够吸引人才、资本进村，必将对改善套子湾的面貌发挥决定性作用。

附　录

精准扶贫精准脱贫百村调研宁夏西吉县
套子湾村村问卷及数据

精准扶贫精准脱贫百村调研宁夏西吉县套子湾村村问卷

（调查时间：2017 年）

省（区、市）	宁夏回族自治区		编码	
县（市、区）	西吉县		640422	
乡（镇）	吉强镇		×	
行政村	套子湾村		72	
村干部姓名	支书	刘微	主任	刘双恒
工作队情况	书记		队长	
受访者	姓名	聂明山	电话	
村类型	□贫困村 [□省定□省以下] ☑已脱贫村 □非贫困村			
	☑非少数民族聚居村 □少数民族聚居村 (填民族代码　1)			
调查日期	2017 年 4 月 13 日，星期四			
调查员姓名	徐东海			

A 自然地理

项目名称	数据	项目名称	数据
A1 地貌（①平原 ②丘陵 ③山区 ④高原 ⑤盆地）	③	A6 距乡镇的距离（公里）	13
A2 村域面积（平方公里）	8.75	A7 距最近的车站码头的距离（公里）	15
A3 自然村（寨）数（个）	5	A8 是否经历过行政村合并（①是 ②否→B1）	②
A4 村民组数（个）	5	a. 哪一年合并（年份，4 位）	—
A5 距县城或城市距离（公里）	13	b. 由几个行政村合并而成（个）	—

B 人口就业

项目名称	数据	项目名称	数据
B1 总户数（户）	358	B3 常住人口数（人）	1190
a. 建档立卡贫困户数	89	B4 劳动力数（人）	1060
b. 实际贫困户数	161	B5 外出半年以上劳动力数（人）	315
c. 低保户数	156	a. 举家外出户数（户）	2
d. 五保户数	5	b. 举家外出人口数（人）	7
e. 少数民族户数	0	B6 外出半年以内劳动力数（人）	745
f. 外来人口户数	0	B7 外出到省外劳动力数（人）	22
B2 总人口数（人）	1430	B8 外出到省内县外劳动力数（人）	1038
a. 建档立卡贫困人口数	382	B9 外出人员从事主要行业（行业代码，前 3 项）	5、6、8
b. 实际贫困人口数	205	B10 外出务工人员中途返乡人数（人）	125
c. 低保人口数	199	B11 定期回家务农的外出劳动力数（人）	56
d. 五保人口数	6	B12 初中毕业未升学的新成长劳动力数（人）	300
e. 少数民族人口数	0	B13 高中毕业未升学的新成长劳动力数（人）	100
f. 外来人口数	0	B14 参加"雨露计划"人数（人）	10
g. 文盲、半文盲人口数	121	a. 参加"雨露计划""两后生"培训人数（人）	0
h. 残疾人口数	41		×

C 土地资源及利用

项目名称	数据	项目名称	数据
C1 耕地面积（亩）	7030	a. 土地调整面积	2000
a. 有效灌溉面积	1600	C10 2016 年底土地确权登记发证面积（亩）	5614.38
C2 园地面积（亩，桑园、果园、茶园等）	45	C11 全年国家征用耕地面积（亩）	126
C3 林地面积（亩）	3236	C12 农户对外流转耕地面积（亩）	700
a. 退耕还林面积	3236	C13 农户对外流转林地面积（亩）	3236
C4 牧草地面积（亩）	2012.7	C14 参与耕地林地等流转农户数（户）	298
C5 畜禽饲养地面积(亩)	0	C15 村集体对外出租耕地面积（亩）	0
C6 养殖水面面积（亩）	1006.35	C16 村集体对外出租林地面积（亩）	0
C7 农用地中属于农户自留地的面积（亩）	0	C17 本村土地流转平均租金（元/亩）	80
C8 未发包集体耕地面积（亩）	12	C18 本村林地流转平均租金（元/亩）	80
C9 第二轮土地承包期内土地调整次数（次）	2	C19 全村闲置抛荒耕地面积(亩)	100

D 经济发展

（一）经营主体与集体企业

项目名称	数据	项目名称	数据
D11 村农民年人均纯收入(元)	7553	D19 其他企业数（个）	0
D12 农民合作社数（个）	6	D110 企业中，集体企业数（个）	0
D13 家庭农场数（个）	1	a. 资产估价（万元）	—
D14 专业大户数（个）	13	b. 负债（万元）	—
D15 农业企业数（个）	1	c. 从业人员数（人）	—
D16 加工制造企业数（个）	0	d. 吸纳本村从业人数（人）	—
a. 主要行业（制造业分类代码，前 3 项）	—	e. 主要行业（行业代码，前 3 项）	—
D17 餐饮企业数（个）	0	D111 集体企业经营收入（万元）	0
D18 批发零售、超市、小卖部数（个）	6	D112 集体企业经营利润（万元）	0

收入来源代码：①务农②本地务工③外出务工④非农经营⑤其他（注明）。

（二）农民合作社

名称 a	领办人（代码）b	成立时间（年月）c	成立时社员 户数 d	目前社员 户数 e	业务范围 f	总资产（万元）g	总销售额（万元）h	分红额（万元）i
D21 西吉县啸山胡萝卜种植专业合作社	2	201404	6	5	胡萝卜种植与销售	70	10	0
D22 东胜蔬菜专业合作社	3	201305	5	5	蔬菜种植与销售	30	20	0
D23 锦绣家庭农场	3	201506	5	5	蔬菜种植与销售	30	0	0
D24 选彪休闲农业	3	201602	5	5	蔬菜种植与销售	30	3	0
D25 吉胜养驴专业合作社	3	201602	5	5	毛驴养殖与销售	30	0	0

领办人代码：①村集体 ②村干部 ③村干部以外的农户 ④外来公司 ⑤其他（注明）

（三）农业生产

	主要种植作物 a	种植面积（亩）b	单产（公斤/亩）c	市场均价（元/公斤）d	耕作起止月份 e,f
D31	马铃薯	3500	2000	1	4—10
D32	玉米	150	800	1.2	4—10
D33	芹菜	1200	20000	0.25	4—10
	主要养殖畜禽 a	出栏量（头/只）	平均毛重（公斤/头）	市场均价（元/公斤）	
D34	牛	25	400	60	×
D35	猪	25	200	30	×
D36	驴	20	200	140	×

E 社区设施和公共服务

(一)道路交通

项目名称	数据	项目名称	数据
E11 通村道路主要类型(①硬化路(水泥、柏油)②沙石路③泥土路④其他)	①	a. 未硬化路段长度(公里)	4
		E14 村内通组道路长度(公里)	7
E12 通村道路路面宽度(米)	3.5	a. 未硬化路段长度(公里)	0
E13 通村道路长度(公里)	14	E15 村内是否有可用路灯(①是 ②否)	②

(二)电视通讯

项目名称	数据	项目名称	数据
E21 村内是否有有线广播(①有 ②无)	①	E25 使用卫星电视户数(户)	358
E22 村委会是否有联网电脑(①有 ②无)	①	E26 家中没有电视机户数(户)	0
E23 家中有电脑的户数(户)	30	E27 家中未通电话也无手机户数(户)	0
a. 联网电脑户数(户)	39	E28 使用智能手机人数(人)	600
E24 使用有线电视户数(户)	20	E29 手机信号覆盖范围(%)	100

(三)妇幼、医疗保健

项目名称	数据	项目名称	数据
E31 全村卫生室数(个)	1	E35 当年0~5岁儿童死亡人数(人)	0
a. 若无,最近的卫生室、医院的距离(公里)	—	E36 当年孕产妇死亡人数(人)	0
E32 药店(铺)数(个)	0	E37 当年自杀人数(人)	0
E33 全村医生人数(人)	3	E38 当前身患大病人数(人)	20
a. 其中有行医资格证书人数(人)	3	E39 村内敬老院个数(个)	3
E34 全村接生员人数(人)	2	a. 在村内敬老院居住老年人数(人)	3
a. 其中有行医资格证书人数(人)	0	b. 在村外敬老院居住老年人数(人)	1

（四）生活设施

项目名称	数据	项目名称	数据
E41 已通民用电户数（户）	358	a1. 自来水单价（元 / 吨）	—
a. 民用电单价（元 / 度）	0.447	a2. 使用净化处理自来水户数（户）	0
b. 当年停电次数（次）	1	b. 江河湖泊水（%）	0
E42 村内垃圾池数量（个）	0	c. 雨水 / 窖水（%）	0
E43 村内垃圾箱数量（个）	0	d. 受保护的井水或泉水（%）	0
E44 集中处置垃圾所占比例(%)	60	e. 不受保护的井水或泉水（%）	100
E45 户用沼气池数量（个）	30	E47 自来水之外的管道供水户数（户）	0
E46 饮用水源比例：	×	E48 水窖数量（个）	0
a. 集中供应自来水（%）	0	E49 饮水困难户数（户）	0

（五）居民住房情况

项目名称	数据	项目名称	数据
E51 户均宅基地面积（平方米）	0.01	E56 危房户数（户）	2
E52 违规占用宅基地建房户数(户)	0	E57 空置一年或更久宅院数(户)	20
E53 楼房所占比例(%)	0.5	E58 房屋出租户数（户）	0
E54 砖瓦房、钢筋水泥房所占比例(%)	95	a. 月均房租（如有，按 10 平方米折算，元）	—
E55 竹草土坯房户数（户）	2		×

（六）社会保障

项目名称	数据	项目名称	数据
E61 参加新型合作医疗户数(户)	358	E64 五保供养人数（人）	6
a. 参加新型合作医疗人数（人）	1430	a. 集中供养人数	1
b. 新型合作医疗缴费标准〔元/(年·人)〕	90	b. 集中与分散供养相结合五保人数	5
E62 参加社会养老保险户数（户）	358	c. 五保供养村集体出资金额（元）	0
a. 参加社会养老保险人数（人）	950	E65 当年全村获得国家救助总额（万元）	0
E63 低保人数（人）	199	E66 村集体帮助困难户年出资额（元）	0

（七）农田水利

项目名称	数据	项目名称	数据
E71 近年平均年降水量（毫米）	570.2	E75 机电井数量（个）	—
E72 主要灌溉水源（①地表水②地下水③雨水）	①	E76 生产用集雨窖数量（个）	—
E73 正常年景下水源是否有保障（①是②否）	①	E77 水渠长度（米）	—
E74 排灌站数量（个）	5		×

F　村庄治理与基层民主

（一）村庄治理结构

项目名称	数据	项目名称	数据
F11 全村中共党员数量（人）	36	F17 村民代表人数（人）	30
a.50 岁以上党员数（人）	20	a.其中属于村"两委"人数（人）	1
b.高中及以上文化党员数（人）	0	F18 是否有村务监督委员会（①是②否→F19）	①
F12 是否有党员代表会议（①是②否→F13)	①	a.监督委员会人数（人）	3
a.党员代表人数（人）	4	b.属于村"两委"人数（人）	0
b.属于村"两委"人数（人）	4	c.属于村民代表人数（人）	3
F13 党小组数量（个）	1	F19 是否有民主理财小组（①是②否→F211）	①
F14 村支部支委会人数（人）	1	a.民主理财小组人数（人）	6
F15 村民委员会人数（人）	5	b.属于村"两委"人数（人）	1
F16 村"两委"交叉任职人数（人）	0	c.属于村民代表人数（人）	1

附录——精准扶贫精准脱贫百村调研宁夏西吉县奎子湾村村问卷及数据

（二）村"两委"（先填党支部，后填村委会。按照书记、副书记、委员等顺序填写。注意填写代码）

	职务a	姓名b	性别c	年龄d	文化程度e	党龄f	交叉任职g	工资（元）h	任职届数i	任职前身份j
F211	书记	刘薇	②	29	⑤	3	无	—	1	学生
F212										
F213										
F214										
F215										
F221	主任	刘双恒	①	33	③	×	×	—	1	农民
F222	副主任	聂明山	①	32	③	×	×	—	1	农民
F223	会计	李强	①	37	④	×	×	—	1	农民
F224							×	×		
F225							×	×		

职务代码：①支部书记 ②副书记 ③支部委员 ④村委会主任 ⑤副主任 ⑥村委委员 ⑦委员兼妇女主任；

性别代码：①男 ②女 交叉任职：填写党支部干部所交叉担任的村委会职务代码；

文化程度选项：①文盲 ②小学 ③初中 ④高中或中专 ⑤大专以上；

任职前身份：如是村干部，填写村干部职务代码；如果不是村干部，写明身份。

（三）最近两届村委会选举情况

	年份a	有选举权人数（人）b	实际参选人数（人）c	村主任得票数（票）d	是否设有秘密划票间e	书记与主任是否一肩挑f	是否搞大会唱票选举g	投票是否发钱发物h	是否流动投票i
F31	2013	980	850	781	②	②	①	②	②
F32	2016	980	870	862	②	②	①	②	②

是否选项：①是 ②否。

G 教育、科技、文化

（一）学前教育（2016~2017 学年度，下同）

项目名称	数据	项目名称	数据
G11 本村 3~5 周岁儿童人数（人）	64	b. 幼儿园在园人数（人）	0
G12 当前 3~5 周岁儿童不在学人数（人）	60	c. 幼儿园收费标准（元/月）	—
G13 本村幼儿园、托儿所数量（个）	0	G14 学前班在学人数（人）	0
a. 其中，公立园数量（个）	0	a. 学前班收费标准（元/月）	—

（二）小学阶段教育

项目名称	数据	项目名称	数据
G21 本村小学阶段适龄儿童人数（人）	107	b. 住校生人数（人）	0
a. 其中女生数（人）	51	G24 在县市小学上学人数（人）	104
G22 在本村小学上学人数（人）	3	a. 其中女生数（人）	49
a. 其中女生数（人）	2	G25 去外地上学人数（人）	0
b. 住校生人数（人）	0	a. 其中女生数（人）	0
G23 在乡镇小学上学人数（人）	0	G26 失学辍学人数（人）	0
a. 其中女生数（人）	0	a. 其中女生数（人）	0

（三）初中阶段教育

项目名称	数据	项目名称	数据
G31 乡镇中学离本村距离（公里）	15	G34 在县城中学上学人数（人）	54
G32 在乡镇中学上学人数（人）	0	a. 其中女生数（人）	23
a. 其中女生数（人）	0	G35 去外地上学人数（人）	0
b. 住校生人数（人）	0	a. 其中女生数（人）	0
G33 中学是否提供午餐（①是 ②否→ G34）	①	G36 失学辍学人数（人）	0
a. 是否免费或有补助（①免费 ②补助 ③无）	—	a. 其中女生数（人）	0

（四）村小学情况

项目名称	数据	项目名称	数据
G41 本村是否有小学（①是②否→G49）	①	c. 高中或中专	0
G42 最高教学年级为	5	G46 校舍是否独立使用（①是②否）	①
G43 在校生数（人）	3	a. 校舍建成时间（年）	2013
G44 公办教师人数（人）	3	b. 校舍建筑面积（平方米）	1500
a. 本科	0	G47 是否提供午餐（①是②否→G48）	①
b. 大专	0	a. 午餐标准（元/顿）	10
c. 高中或中专	3	b. 是否有补助（①免费②部分补助③无）	①
G45 非公办教师人数（人）	0	G48 是否配有联网电脑（①是②否→G51）	①
a. 本科	0	G49 如无小学，原小学哪年撤销	—
b. 大专	0	G410 最近小学离本村距离（公里）	1

（五）科技与文化

项目名称	数据	项目名称	数据
G51 是否有农民文化技术学校（①是②否）	②	G58 棋牌活动场所（个）	1
G52 村内举办农业技术讲座次数（次）	2	G59 社团（老年协会、秧歌队等）个数（个）	0
G53 村民参加农业技术培训人次（人次）	482	G510 村民最主要宗教信仰（单选，代码1）	③
G54 获得县以上证书农业技术人员数量（人）	4	G511 具有各种宗教信仰群众数量（人）	1430
G55 村民参加职业技术培训人次（人次）	105	G512 是否有教堂、寺庙等宗教活动场所（①是②否→H11）	①
G56 图书室、文化站个数（个）	1	a. 建设与维护费用主要来源（①群众集资②收费③社会捐助④其他）	④
a. 如有，活动场地面积（平方米）	3000	b. 多久举行一次活动（代码2）	①
b. 藏书数量（册）	2000	c. 平均每次活动参加人数（人）	20
c. 月均使用人数（人次）	10		
G57 体育健身场所（个）	1		

代码1(宗教信仰)：①无 ②佛教 ③道教 ④伊斯兰教 ⑤基督教 ⑥天主教 ⑦喇嘛教 ⑧其他宗教

代码2(活动频率)：①每天 ②每周 ③每月 ④一个月以上

H 社会稳定情况

项目名称	数据	项目名称	数据
H11 打架斗殴事件（件）	0	H14 判刑人数（人）	1
H12 偷盗事件（件）	0	H15 接受治安处罚人次（人）	0
H13 抢劫事件（件）	0	H16 上访人次（人）	25

I 村集体财务

（一）集体财务收支（元）

项目名称	数据	项目名称	数据
村财务收入		村财务支出	
I11 上级补助	0	I114 村干部工资	0
I12 村集体企业上交	0	I115 组干部工资	0
I13 发包机动地收入	0	I116 水、电等办公费	0
I14 发包荒ft、坡地收入	0	I117 订报刊费	0
I15 发包林地收入	0	I118 招待费	0
I16 发包水面收入	0	I119 困难户补助费	0
I17 店面厂房等租金	0	I120 修建学校	0
I18 修建学校集资	0	I121 修建道路	0
I19 修建道路集资	0	I122 修建水利	0
I110 修建水利集资	0	I123 垫交费用	0
I111 社会抚养费（返还）	0	I124 偿还债务及利息支付	0
I112 其他收入1(注明)	0	I125 其他支出1(注明)	0
I113 其他收入2(注明)	0	I126 其他支出2(注明)	0

（二）集体债权债务（元）

项目名称	数据	项目名称	数据
集体债权		集体负债	
I21 村组干部欠	0	I26 欠村组干部	0
I22 农户欠	0	I27 欠农户	0
I23 商户欠	0	I28 欠商户	0
I24 上级政府欠	0	I29 欠上级政府	0
I25 其他人欠（注明）	0	I210 欠银行	0
	×	I211 欠教师	0
	×	I212 欠其他人（注明）	0

附录

精准扶贫精准脱贫百村调研宁夏西吉县蒌子湾村村问卷及数据

（三）集体资产

项目名称	数据	项目名称	数据
I31 办公楼等设施的建筑面积（平方米）	0	I33 未承包到户的集体 ft 场面积（亩）	0
I32 未承包到户的集体耕地面积（亩）	0	I34 其他集体资产（注明）	0

J 公共建设与农民集资

（一）公共建设（2015年以来）

项目名称（单位）	数量 a	建设开始时间（年月）b	建设完成时间（年月）c	投资额（万元）		
				农民集资 d	集体出资 e	上级拨款 f
J11 学校（平方米）	1500	2012-06	2013-06	—	—	—
J12 村办公场所（平方米）	150	2015-03	2015-12	—	—	—
J13 卫生室（平方米）	60	2015-03	2015-12	—	—	—
J14 文化体育设施（处）	1	2015-03	2015-12	—	—	—
J15 其他项目（注明）	—	—	—	—	—	—

（二）"一事一议"筹资筹劳开展情况（2015年以来）

	事项内容（代码1）a	通过方式（代码2）b	建设开始时间（年月）c	建设完成时间（年月）d	出资出劳户数（户）e	户均筹劳数量（个）f	户均筹资金额（元）g	政府补助（元）	
								补助现金 h	物资折合 i
J21	②	②	201501	201512	0	0	0	7200000	–
J22	①	②	201507	201606	0	0	0	1000000	–
J23									
J24									

代码1：①村内小型农田水利基本建设 ②道路修建 ③植树造林 ④其他集体生产生活及公益事业项目；

代码2：①村民会议或村民代表会议讨论 ②党支部或村委会决定 ③其他。

K 建档立卡贫困人口

	2014 年 a	2015 年 b	2016 年 c
K1 贫困户数（户）		89	
K2 贫困人口数（人）		404	
a. 因病致贫人口		87	
b. 因学致贫人口			
c. 因缺劳力致贫人口			
K3 调出贫困户数（调整为非贫困户）(户)	✕		
a. 调出贫困人口数（人）	✕		
K4 调入贫困户数（调整为贫困户）(户)	✕		
a. 调入贫困人口数（人）	✕		
K5 脱贫户数（户）		89	
K6 脱贫人口数（人）		404	
a. 发展生产脱贫		247	
b. 转移就业脱贫		0	
c. 易地搬迁脱贫		20	
d. 生态补偿脱贫		84	
e. 社保兜底脱贫		25	

L1 发展干预（2015年）

建设项目		单位	数量 a	受益户数（户）b	总投资（万元）c	投资构成（万元）					
						财政专项扶贫资金 d	行业部门资金 e	社会帮扶资金 f	信贷资金 g	群众自筹资金 h	其他资金 i
L11 村级道路	X 新建通村沥青（水泥）路	公里		×							
	Y 新建村内道路	公里									
L12 农田水利	X 小型水利建设	处	2	125	250	250					
	Y 基本农田建设及改造	亩		×							
L13 饮水安全	X 新建自来水入户	户									
	Y 新建蓄水池（管）	个									
	Z 新建村级自来水厂	座									
L14 电力保障	X 新增农村电网改造	处									
	Y 解决无电户	户		×							
L15 居住改善	X 危房改造	户	71	×	142	142					
	Y 人居环境改善	户		×							

续表

建设项目		单位	数量 a	受益户数（户）b	总投资（万元）c	投资构成（万元）					
						财政专项扶贫资金 d	行业部门资金 e	社会帮扶资金 f	信贷资金 g	群众自筹资金 h	其他资金 i
L16 特色产业	X 培育特色产业项目	个									
	Y 培育合作社	个	1	5	30					30	
L17 乡村旅游	X 新扶持农家乐户数	户		×							
L18 卫生计生	参加卫生计生技术培训	人次		×							
L19 文化建设	X 广播电视入户	户		×							
	Y 村文化活动室	个	1	×	3				3		
L110 信息化	X 宽带入户	户		×							
	Y 手机信号覆盖范围	%	100	×	×	×	×	×	×	×	×
L111 易地搬迁	X 易地搬迁（迁出）	户		×							
	Y 易地搬迁（迁入）	户		×							

L2 发展干预（2016 年）

建设项目		单位	数量 a	受益户数（户）b	总投资（万元）c	投资构成（万元）					
						财政专项扶贫资金 d	行业部门资金 e	社会帮扶资金 f	信贷资金 g	群众自筹资金 h	其他资金 i
L21 村级道路	X 新建通村通村沥青（水泥）路	公里									
	Y 新建村内道路	公里									
L22 农田水利	X 小型水利工程	处									
	Y 基本农田建设及改造	亩									
L23 饮水安全	X 新建自来水入户	户	358	×	100						
	Y 新建蓄水池（窖）	个				100					
	Z 新建村级自来水厂	座									
L24 电力保障	X 新增农村电网改造	处									
	Y 解决无电户	户		×							
L25 居住改善	X 危房改造	户		×							
	Y 人居环境改善	户		×							
L26 特色产业	X 培育特色产业项目	个	2	10	60						
	Y 培育合作社	个								60	

建设项目		单位	数量 a	受益户数(户) b	总投资(万元) c	投资构成(万元)					
						财政专项扶贫资金 d	行业部门资金 e	社会帮扶资金 f	信贷资金 g	群众自筹资金 h	其他资金 i
L27 乡村旅游	新扶持农家乐户数	户		×							
L28 卫生计生	参加卫生计生技术培训	人次		×							
L29 文化建设	X 有线电视入户	户		×							
	Y 新建村文化活动室	个		×							
	X 宽带入户	户	40	×	3.52					3.52	
L210 信息化	Y 手机信号覆盖范围	%	100	×	×	×	×	×	×	×	×
L211 易地搬迁	X 易地搬迁(迁出)	户	4	×	16	16					
	Y 易地搬迁(迁入)	户		×							

村问卷附表（主要问村干部）：M 第一书记和扶贫工作队

M11 本村现在是否派驻有第一书记（①有 ②以前有、现在没有→M12 ③没有→M12）	①
M12 第一书记什么时间派驻（年月 /6 位）	2017–01
M13 第一书记姓名	潘少平
M14 第一书记性别（①男 ②女）	①
M15 第一书记出生年份（四位数年份）	1975
M16 第一书记学历（①初中及以下 ②高中或中专 ③大专 ④大学本科 ⑤研究生）	③
M17 第一书记来自（①中央单位 ②省级单位 ③市级单位 ④县级单位 ⑤乡镇 ⑥其他（请注明）	③
M18 第一书记单位属性（①党政机关 ②事业单位 ③企业 ④其他）	①
M19 第一书记最近半年在村工作多少天（含因公出差）（天）	82
M110 第一书记最近半年在村居住多少天（天）	54
M111 第一书记最近半年在乡镇住多少天（天）	11
M112 第一书记作为帮扶责任人联系多少贫困户（户）	6
M113 第一书记到过贫困户家的数量（户）	89
M114 第一书记做了哪些工作（可多选）〔①重新识别贫困户 ②诊断致贫原因 ③引进资金 ④引进项目 ⑤帮助贫困户制定脱贫计划 ⑥帮助落实帮扶措施 ⑦参与脱贫考核 ⑧接待、处理群众上访 ⑨其他（注明）〕	①②⑤⑧
M115 2016 年对第一书记考核结果等级（0= 未考核 ①优秀 ②合格（称职）③基本合格（基本称职）④不合格（不称职））	①
M116 村"两委"对第一书记工作满意程度（①非常满意 ②满意 ③一般 ④不满意 ⑤非常不满意）	①

M21 你村是否派驻有扶贫工作队（①有 ②以前有、现在没有→结束 ③没有→结束）	①
M22 工作队什么时间派驻（年月/6位）	201505
M23 工作队有几名成员（人）	17
M24 工作队成员来自（可多选）（选项同 M17）	③⑥ （人保财险）
M25 工作队员最近半年平均在村工作多少天（含因公出差）（天）	122
M26 工作队员最近半年在村平均住了多少天（天）	81
M27 工作队员最近半年在乡镇平均住了多少天（天）	15
M28 工作队员作为帮扶责任人共联系多少贫困户（户）	89
M29 工作队员到过贫困户家的数量（户）	89
M210 工作队员做了哪些工作（可多选）（选项同 M114）	①②⑤⑧
M211 2016 年对工作队员考核结果不称职（不合格）的人数	0
M212 村委会对工作队工作满意程度（①都满意 ②部分满意 ③一般 ④都不满意）	①
M213 工作队长是否是第一书记（①是→结束 ②否）	②
M214 工作队长姓名	郑淑琴
M215 工作队长性别（①男 ②女）	②
M216 工作队长出生年份（四位数年份）	1964
M217 工作队长学历（①初中及以下 ②高中或中专 ③大专 ④大学本科 ⑤研究生）	⑤
M218 工作队长来自（①中央单位 ②省级单位 ③市级单位 ④县级单位 ⑤乡镇 ⑥其他（请注明）	③
M219 工作队长单位属性（①党政机关 ②事业单位 ③企业 ④其他）	①

国民经济行业分类代码表

序号	行业	序号	行业	序号	行业
1	农、林、牧、渔业	8	住宿和餐饮业	15	居民服务、修理和其他服务业
2	采矿业	9	信息传输、软件和信息技术服务业	16	教育
3	制造业	10	金融业	17	卫生和社会工作
4	电力、热力、燃气及水的生产和供应业	11	房地产业	18	文化、体育和娱乐业
5	建筑业	12	租赁和商务服务业	19	公共管理、社会保障和社会组织
6	批发和零售业	13	科学研究和技术服务业	20	国际组织
7	交通运输、仓储和邮政业	14	水利、环境和公共设施管理业		

制造业二级分类代码表

序号	行业	序号	行业	序号	行业
1	农副食品加工业	5	纺织业	9	家具制造业
2	食品制造业	6	纺织服装、服饰业	10	造纸和纸制品业
3	酒、饮料和精制茶制造业	7	皮革、毛皮、羽毛及其制品和制鞋业	11	其他制造业：印刷和记录媒介复制、文教、工美、体育和娱乐用品制造、石油加工、化学原料和化学制品制造、医药制造……
4	烟草制品业	8	木材加工和木、竹、藤、棕、草制品业		

民族代码表

代码	民族	代码	民族	代码	民族
1	汉族	21	佤族	41	塔吉克族
2	蒙古族	22	畲族	42	怒族
3	回族	23	高山族	43	乌孜别克族
4	藏族	24	拉祜族	44	俄罗斯族
5	维吾尔族	25	水族	45	鄂温克族
6	苗族	26	东乡族	46	德昂族
7	彝族	27	纳西族	47	保安族
8	壮族	28	景颇族	48	裕固族
9	布依族	29	柯尔克孜族	49	京族
10	朝鲜族	30	土族	50	塔塔尔族
11	满族	31	达斡尔族	51	独龙族
12	侗族	32	仫佬族	52	鄂伦春族
13	瑶族	33	羌族	53	赫哲族
14	白族	34	布朗族	54	门巴族
15	土家族	35	撒拉族	55	珞巴族
16	哈尼族	36	毛南族	56	基诺族
17	哈萨克族	37	仡佬族	97	其他
18	傣族	38	锡伯族	98	外国血统中国籍人士
19	黎族	39	阿昌族		
20	傈僳族	40	普米族		

参考文献

〔英〕埃里克·霍布斯鲍姆:《民族与民族主义》,李金梅译,上海人民出版社,2006。

安泓鑫:《乡村振兴背景下农村民间信仰的功能探析》,《经济研究导刊》2019年第33期。

蔡竞:《产业兴旺与乡村振兴战略研究》,四川人民出版社,2018。

曹委、张艳荣:《贫困治理视角下特色产业扶贫问题研究》,《经济研究导刊》2019年第31期。

陈光金:《中国农村贫困的程度、特征与影响因素分析》,《中国农村经济》2008年第9期。

陈弘、周贤君、胡扬名:《后精准扶贫阶段农村精准扶贫综合绩效提升研究——基于4省38市数据的实证分析》,《中国行政管理》2019年第11期。

程晓红、王静波:《从产业扶贫问题看乡村产业振兴》,《赤子》2018年第36期。

范会敏:《乡村学校乡土文化教育融入与教育支持》,《当代教育论坛》2020年第1期。

侯慧丽、黄婉婷:《精准扶贫精准脱贫百村调研·百豪村卷》,社会科学文献出版社,2018。

胡登峰、潘燕等:《安徽乡村振兴战略研究报告(2018)》,合肥工业大学出版社,2018。

黄明忠、邓湧:《基于产业化扶贫机制的思考》,《江西农业》2019年第22期。

蒋高明:《乡村振兴:选择与实践》,中国科学技术出版社,2019。

蒋永甫、李福泉:《扶贫对象异质性、产业扶贫与脱贫绩效》,《中共福建省委党校学报》2018年第7期。

孔祥智:《乡村振兴的九个维度》,广东人民出版社,2018。

李传章、张青松:《乡村振兴战略看陇西 国家级贫困县打赢脱贫攻坚战》,社会科学文献出版社,2018。

李军明、向轼:《论乡村振兴中的文化重构》,《广西民族研究》2018年第5期。

李志廷:《宁夏公立医院呈"三降一升"良好态势》,《宁夏日报》2018年1月19日。

梁治平:《寻求自然秩序中的和谐——中国传统法律

文化研究》，商务印书馆，2016。

刘汉成、夏亚华：《乡村振兴战略的理论与实践》，中国经济出版社，2019。

刘敏：《丰裕社会的贫困及其治理》，社会科学文献出版社，2019。

刘敏：《社会资本与多元化贫困治理：来自逢街的研究》，社会科学文献出版社，2013。

刘万友：《小杂粮提质增效产业精准扶贫初探——以山西省和顺县为例》，《辽宁农业科学》2019年第6期。

陆建伟、陈新龙、姚红健：《历史文化村落的乡村振兴路径研究——以菰城村为例》，经济管理出版社，2019。

牟秋菊：《扶贫小额信贷在贵州农村精准产业扶贫实践中的困境探讨》，《农村金融研究》2018年第10期。

宁夏地方志编审委员会、宁夏回族自治区地方志办公室：《宁夏年鉴2016》，宁夏人民出版社，2016。

宁夏地方志编审委员会、宁夏回族自治区地方志办公室：《宁夏年鉴2017》，宁夏人民出版社，2017。

宁夏社会科学院：《宁夏蓝皮书：宁夏社会发展报告（2018）》，宁夏人民出版社，2018。

宁夏社会科学院：《宁夏蓝皮书：宁夏社会发展报告（2019）》，宁夏人民出版社，2019。

宁夏社会科学院:《宁夏蓝皮书:宁夏社会发展报告（2020）》,宁夏人民出版社,2020。

欧志文:《湖南武陵山片区产业精准扶贫过程中存在的问题及对策》,《经济研究导刊》2019年第36期。

彭强辉:《农业结构调整与产业扶贫相结合》,《湖南农业》2019年第12期。

戚晓明:《乡村振兴背景下乡村文化再造与文化自觉》,《艺术百家》2018年第5期。

曲延春、宋格:《乡村振兴战略下的乡土文化传承论析》,《理论导刊》2019年第12期。

任思佳、王佳越、王建忠:《保定市产业扶贫问题及对策研究》,《中国商论》2019年第17期。

邵晨:《乡村振兴不可忽视乡村文化力量》,《人民论坛》2018年第26期。

沈萍:《产业扶贫与村落内发型发展:一个村落扶贫历程的十年回顾》,《黑龙江民族丛刊》2018年第6期。

田东升、牛跃强:《创新扶贫产业保险 助力精准脱贫》,《吉林农业》2019年第23期。

王春光:《农村贫困治理的实践张力和可持续研究》,《江苏行政学院学报》2019年第1期。

王丽娜:《乡村振兴战略下的"家文化"建设》,《人民论坛》2018 年第 30 期。

王灵桂、侯波:《中国共产党贫困治理的探索实践与世界意义》,中国社会科学出版社,2019。

王亚民:《现代乡贤文化的认同、培育与乡村振兴》,《晋阳学刊》2019 年第 6 期。

吴维海:《新时代乡村振兴战略规划与案例》,中国金融出版社,2018。

熊茜、刘建生:《中国县域贫困治理》,中国财政经济出版社,2017。

徐东海、吴月:《答好新时代脱贫攻坚试卷》,《宁夏日报》2018 年 1 月 31 日。

徐东海:《科学把握乡村振兴战略总要求》,《宁夏日报》2020 年 1 月 7 日。

徐东海:《切实解决好"两不愁三保障"问题》,《宁夏日报》2019 年 9 月 17 日。

徐东海:《深入实施脱贫富民战略 坚决打好脱贫攻坚战》,《宁夏日报》2018 年 11 月 7 日。

〔美〕阎云翔:《私人生活的变革——一个中国村庄里的爱情、家庭与亲密关系(1949~1999)》,龚小夏译,上海人民出版社,2017。

杨思敏、吴重庆:《启宇承包经营、灵力生产困境与民间信仰格局的改变——广东新会北头村仙娘庙的个案研究》，《民俗研究》2019 年第 5 期。

原贺贺：《产业扶贫普惠型奖励项目与基层治理逻辑》，《求实》2020 年第 1 期。

张宏彩：《加大力度推进智慧医疗建设》，《宁夏日报》2019 年 7 月 16 日。

张华泉：《西部民族地区贫困脆弱性的金融治理研究》，西南财经大学出版社，2018。

张建营、王巍、韩卫国等：《产业扶贫的"吕梁模式"》，《农业发展与金融》2018 年第 12 期。

张亮：《乡村振兴战略与新时代贫困治理的内在逻辑》，《新经济》2018 年第 10 期。

张全红：《中国农村扶贫资金投入与贫困减少的经验分析》，《经济评论》2010 年第 2 期。

张正尧、吕永辉、杨照：《全国农业产业扶贫成效评价及对策分析》，《湖北农业科学》2018 年第 17 期。

赵树冈：《民间信仰与日常生活——李亦园的宗教人类学研究》，《世界宗教研究》2019 年第 3 期。

郑长德主编《减贫与发展（2019）：2020 年后的乡村振兴与贫困治理》，中国经济出版社，2019。

朱启臻：《把根留住：基于乡村价值的乡村振兴》，中国农业大学出版社，2019。

庄天慧、陈光燕、蓝红星：《精准扶贫主体行为逻辑与作用机制研究》，《广西民族研究》2015 年第 6 期。

后　记

　　精准扶贫与精准脱贫是党的十八大以来，以习近平同志为核心的党中央为全面建成小康社会所做的重大战略决策，也为科研人员深入社会生活提供了鲜活的素材和广阔的舞台。中国社会科学院按照党中央的要求，适时启动了"精准扶贫精准脱贫百村调研"项目，在全国典型地区选择 104 个村，就精准扶贫、精准脱贫过程以及存在的问题进行研究，为党和政府提供有价值的参考，推进精准扶贫、精准脱贫工作科学有序推进。早在 2009 年，宁夏回族自治区人民政府与中国社会科学院就签署了"科研合作与人才培养协议"，中国社会科学院在课题研究、人才培养方面给予宁夏大力支持。2016 年，中国社会科学院又把国情调研基地放到宁夏，进一步加深了院地之间的科研合作和学术交流。在中国社会科学院社会学所的大力支持下，近年来，宁夏社会科学院与中国社会科学院的科研合作不断推进，取得丰硕成果。宁夏是我国精准扶贫精准脱贫的主战场，经过长期的扶贫实践，宁夏也积累了许多宝贵的经验。从 20 世纪 80 年代开始的吊庄移民、"1236" 工程，到 "十二五" 期间生态移民，宁夏的扶贫开发工作取得了巨大成绩。但毋庸讳言，宁夏的扶贫工作也面临许多问题，迫切需要哲学社会科学的指导。2017 年，我们承接了中国社会科学院 "精准扶贫精准脱贫百村调研" 国情调研特大项目。项目任务确定后，我们即刻组成课题组，先后深入固原市原州区、彭阳县、泾源县、西吉县调研，最后选定西吉县套子湾村作为我们调研的目标村庄。从 2017 年 4 月开始，我们先后多次来到套子湾村，在完成前期入户问卷工作后，就课题研究所涉问题进行深入访谈，几乎跑遍了套子湾村所有人家，与村干部、村民结下深厚友谊。2018 年，我们又就课题研究需要了解的一些问题多次到套子湾村调研。回想起来，在套子湾村调研的经历，是我们课题组每个人人生中非常有意义的时光。正是套子湾村干部和村民的理解与支持，为我们完成课题撰写提供了有力的帮助，对此我们表示衷心感谢。我们也要感谢西吉县委、县政府和吉强镇党委、政府对我们工作给予的大力支持，没有他们的支持，我们的工作不会如此顺利。最后，我们还要感谢中国社会科学院科研局、社会学所对我们工作的指导和付出，对你们的辛勤劳动，我们将铭记在心。

参加课题调研和撰写任务的课题组成员是：孔炜莉、马妍、张宏彩、徐东海，他们都是宁夏社会科学院社会学法学研究所人员。为完成课题任务，先后多次赴套子湾村调研，克服路途遥远，按时完成课题撰写任务，在此，也对他们的辛勤劳动表示感谢。

课题组

2020 年 8 月

图书在版编目(CIP)数据

　　精准扶贫精准脱贫百村调研. 套子湾村卷：西海固
脱贫转型之路 / 李保平等著. -- 北京：社会科学文献
出版社, 2020.10
　　ISBN 978-7-5201-7527-2

　　Ⅰ.①精…　Ⅱ.①李…　Ⅲ.①农村-扶贫-调查报告
-西吉县　Ⅳ.①F323.8

　　中国版本图书馆CIP数据核字（2020）第209281号

·精准扶贫精准脱贫百村调研丛书·

精准扶贫精准脱贫百村调研·套子湾村卷
　　——西海固脱贫转型之路

著　　者 / 李保平 等

出 版 人 / 谢寿光
组稿编辑 / 邓泳红
责任编辑 / 陈　颖

出　　版　社会科学文献出版社·皮书出版分社（010）59367127
　　　　　　地址：北京市北三环中路甲29号院华龙大厦　邮编：100029
　　　　　　网址：www.ssap.com.cn

发　　行 / 市场营销中心（010）59367081　59367083

印　　装 / 三河市尚艺印装有限公司

规　　格 / 开　本：787mm×1092mm　1/16
　　　　　　印　张：14.75　字　数：113千字

版　　次 / 2020年10月第1版　2020年10月第1次印刷

书　　号 / ISBN 978-7-5201-7527-2

定　　价 / 59.00元